LA QUE PIÈCE, 20 CENTIMES.　　THÉATRE CONTEMPORAIN ILLUSTRÉ　　MICHEL LÉVY FRÈRES, ÉDITEURS,
131 e et 132 e LIVRAISONS.　　　　　　　　　　　　　　　　　　　　　　RUE VIVIENNE, 2 BIS.

UN NOTAIRE A MARIER

COMÉDIE-VAUDEVILLE EN TROIS ACTES

PAR

MM. MARC-MICHEL, LABICHE ET A. DE BEAUPLAN

REPRÉSENTÉE POUR LA PREMIÈRE FOIS, A PARIS, SUR LE THÉATRE DES VARIÉTÉS, LE 19 MARS 1853.

DISTRIBUTION DE LA PIÈCE.

...T DESRUEL, notaire............. MM. CHARLES PÉREY.	MADELEINE, fille de Champignol.........	Mmes VIRGINIE-DUCLAY.
...VILLE, ancien notaire............... NUMA.	MADAME DE VERMOELLON..........	GÉNOT.
...IGNOL, riche marchand verdurier..... LECLÈRE.	Mlle DE VERMOELLON, sa fille........	EUGÉNIE.
...HE, son garçon de boutique........ KOPP.		MM. DELPÊCHE.
...SSANG............................ MUTEL.	QUATRE CLERCS parlant............	ÉDOUARD.
...OULE, élève de l'école de Saumur..... DELIÈRE.		OCALIV.
...BICHET........................... CHARIER.		Mlle CLÉMENCE.
..., premier clerc...................... RHÉAL.	DEUX DOMESTIQUES parlant.......	MM. PELLERIN.
...ME DE LUSSANG.............. Mmes GABRIELLE.		LOUIS.
...E, sa filleule....................... BLANCHE.	CLERCS DE NOTAIRE, INVITÉS DES DEUX SEXES.	

La scène est à Paris.

Acte premier.

...cabinet de travail dans une étude de notaire. — Porte au fond.
— Portes latérales, à droite et à gauche au deuxième plan. —
Au fond, de chaque côté de la porte, un grand casier. — A gau-
...he, premier plan, une cheminée avec du feu. — Sur la cheminée,
...endule, vases, une carafe. — Une caisse adossée au mur de
...roite. — Un pupitre droit et élevé avec un registre dessus, adossé
...u mur de gauche, après la cheminée. — A droite, un bureau
...hargé de papiers et dossiers. — Chaises, fauteuils, petit guéridon.

SCÈNE I.

LUCIEN, PLUSIEURS CLERCS, puis DESRUEL.

(Au lever du rideau, deux Clercs jouent aux cartes sur un petit guéridon au milieu du théâtre. — Deux autres les regardent jouer. — Un quatrième est assis devant la cheminée et tient un journal. — Lucien, assis sur le bord du bureau à droite, joue au bilboquet. — Musique à l'orchestre jusqu'au chœur.)

PREMIER JOUEUR.

Je marque le roi.

LUCIEN.

Dépêchez-vous !... si monsieur Desruel, le patron, savait qu'on joue aux cartes dans l'étude...

PREMIER CLERC, regardant jouer.

Bah ! il n'est pas encore levé !

DEUXIÈME CLERC, assis près de la cheminée.

A neuf heures !... il prend du bon temps, le patron !

LUCIEN.

Il ne ressemble pas à son prédécesseur, M. Buzonville...

UN NOTAIRE A MARIER.

PREMIER CLERC.

En voilà un qui était toujours sur notre dos !

LUCIEN.

On l'avait surnommé la scie du notariat.

PREMIER JOUEUR, *à l'autre, auquel un clerc désigne une carte à jouer.*

On ne conseille pas, la partie est intéressée...

LUCIEN.

Qu'est-ce que vous jouez ?

DEUXIÈME JOUEUR.

Nous jouons notre déjeuner...

PREMIER JOUEUR.

Deux côtelettes aux cornichons.

TOUS, *se rapprochant avec intérêt.*

Crédié ! (*Lucien et le deuxième clerc se lèvent.*)

PREMIER JOUEUR.

Atout ! roi de cœur ! dame de cœur ! et as de pique ! (*Il se lève. — On range le guéridon dans un coin à gauche, près du pupitre et on remet les chaises en place.*)

DEUXIÈME JOUEUR, *se levant.*

Je suis fumé ! (*On rit. — Fouillant à sa poche pour payer.*) Nous disons deux côtelettes... ça fait... 13 sous ! (*Il laisse tomber une pièce de monnaie et se baisse pour la ramasser. — Un des clercs lui saute par-dessus le dos et va se baisser à quelques pas plus loin.*)

TOUS.

A saute-mouton ! à saute-mouton ! (*Une partie de saute-mouton s'engage.*)

LUCIEN, *à part ; il a passé à gauche.*

Dire que ceci représente une étude de notaire !

ENSEMBLE, *pendant qu'on saute.*

AIR *de la Corde sensible.*

Qu'on s'en donne !
Que personne,
En l'absence du patron,
Ne s'esquive
Et se prive
De jouer à saute-mouton !

(*Desruel entre par le fond au milieu de la partie. — Il porte un grand manteau qui cache entièrement son costume de paillasse. — Il tient son chapeau de paillasse sous son manteau.*)

DESRUEL.

Eh bien, ne vous gênez pas !

TOUS LES CLERCS, *se relevant.*

Oh ! le patron !

DESRUEL.

Ah ! c'est comme ça que vous travaillez !

TOUS LES CLERCS.

Mais, patron...

DESRUEL, *prêchant.*

Silence, messieurs ! sachez-le, ce n'est pas ainsi qu'on arrive !... C'est par un travail assidu, une conduite exemplaire ! (*En gesticulant a entr'ouvert son manteau et laissé voir son costume de paillasse.*)

LUCIEN, *apercevant le costume.*

Oh !

DESRUEL.

Quoi ? (*Ramenant vivement son manteau.*) Pristi ! je crois qu'on l'a vu ! (*Haut et vivement aux clercs.*) Rentrez, messieurs !

LUCIEN.

Patron, nous vous attendions pour vous demander...

DESRUEL.

Je n'y suis pas !... je suis en affaires !... mais, rentrez donc !

ENSEMBLE.

Air précédent.

DESRUEL.	LES CLERCS.
Se conduire de la sorte !	Puisque le patron s'emporte !
Un pareil scandale en ces lieux !	Laissons-le tout seul en ces lieux,
Au plus vite que l'on sorte !	Gagnons bien vite la porte,
Contre vous je suis furieux !	Contre nous il est furieux !

(*Lucien et les clercs rentrent à gauche.*)

SCÈNE II.

DESRUEL, *ôtant son manteau qu'il jette sur une chaise près du bureau, et paraissant en costume de paillasse. — Galment.*

Les aimables gamins !... voilà pourtant comme j'étais il y a trois mois... avant d'acheter l'étude du père Buzonville... mais maintenant, c'est différent... je suis devenu un homme sérieux ! (*Regardant son costume.*) Pas dans ce moment... je rentre du bal masqué... Dieu ! l'ai-je aimé le bal masqué !... quand j'étais clerc !... et ma foi ! un notaire qui commence, ça ressemble beaucoup à un clerc qui finit... et je suis en train de finir, voilà ! (*Il fait un geste de bal masqué.*) Mais cela ne m'empêche pas d'exercer honorablement ma profession... je pince de la cravate blanche de huit heures du matin à sept heures du soir, et j'entreprends le contrat de mariage et le testament avec la plus grande propreté... en manchettes ! (*Par réflexion.*) Tiens ! s'j'étais mon paillasse... (*Il commence à défaire quelques boutons.*) On parle vaguement de me marier... monsieur Buzonville surtout, mon prédécesseur... je lui dois ma charge, et il ne serait pas fâché de palper une dot, le vieux cancre !... quant à moi je ne suis pas pressé... je la passe assez douce... et puis, quoique notaire, j'ai un sentiment dans le cœur... Lucile, la pupille de madame de Lussang... dix sept ans... un ange de candeur... malheureusement, elle est encore en pension... mais je l'attendrai ! Oh ! oui, je l'attendrai... pas en paillasse, par exemple...

(*Voix de Buzonville dans la coulisse à gauche.*)

BUZONVILLE, *en dehors.*

C'est un abus ! un pillage !

DESRUEL.

Quel est ce bruit ?

SCÈNE III.

BUZONVILLE, DESRUEL, puis LUCIEN.

BUZONVILLE, *entrant par la gauche avec une bûche dans chaque main et parlant à la cantonade.*

Oui ! c'est un abus ! un pillage ! (*On entend rire les clercs dans l'étude.*)

DESRUEL, *à part.*

Mon prédécesseur !

BUZONVILLE, *à Desruel.*

Monsieur, savez-vous ce qui se passe ?... (*Apercevant costume de Desruel.*) Que vois-je ?... un notaire !... mon successeur !...

DESRUEL.

Excusez-moi... je rentre du bal masqué...

BUZONVILLE, *suffoquant de colère.*

Vous excuser ?... monsieur !... Monsieur ! vous êtes la honte du notariat moderne !

DESRUEL, *à part.*

Ah ! mais ! il m'ennuie !

BUZONVILLE.

Un paillasse ! J'ai traité avec un paillasse !... Ah ! je ne m'étonne plus si tout va de travers ici.

DESRUEL.

Qu'y a-t-il ?

BUZONVILLE.

On vous vole ! on vous ruine ! on vous étrangle !

DESRUEL.

Pas possible !

BUZONVILLE.

Monsieur... je viens de compter dix-neuf bûches dans votre étude !

DESRUEL.

Ah !... C'est extrêmement flatteur pour mes clercs.

BUZONVILLE, *furieux.*

Je ne ris pas, moi, monsieur !... je ne fais pas de calembourgs ! je ne suis pas un paillasse ! J'ai été trente-trois notaire et je n'ai jamais fourni que sept bûches... par jour excepté en 1829, où l'hiver a été par trop rigoureux.

DESRUEL.

Oui, vous les avez fait fendre en deux...

BUZONVILLE.

Oui...

DESRUEL.

Pour en avoir quatorze.

BUZONVILLE.

Non !... Eh bien... oui !... Voilà comme on acquiert trente mille livres de rentes !... C'est comme pour le vin, vous donnez deux bouteilles à vos clercs... deux bouteilles !

DESRUEL.

Eh bien ?

BUZONVILLE.

Mais vous voulez donc enivrer ces jeunes gens ?

UN NOTAIRE A MARIER.

DESRUEL, *à part.*
Ils sont douze !

BUZONVILLE.
Eh bien !... tenez, prenez vos deux bûches... c'est autant de sauvé. (*Il les lui met dans les mains et remonte à droite.*)

DESRUEL.
Qu'est-ce que vous voulez que j'en fasse ?

BUZONVILLE.
Serrez-les... mettez-les...

DESRUEL, *ironiquement.*
Dans ma caisse?

BUZONVILLE, *redescendant à droite.*
Ça ne ferait pas de mal... au moins il y aurait quelque chose ledans.

DESRUEL, *piqué.*
Monsieur !

BUZONVILLE, *s'arrêtant devant le bureau.*
Et ce bureau ! comme c'est rangé !

DESRUEL, *à part, les deux bûches toujours à la main.*
Cristi ! il m'agace !

BUZONVILLE, *regardant sur le bureau.*
Trois bâtons de cire à cacheter... entamés ! (*A Desruel.*) Et vous voulez inspirer la confiance !
(*Il met deux bâtons dans sa poche.*)

DESRUEL.
Qu'est-ce que vous faites donc?

BUZONVILLE.
Je range, monsieur, je range !...

DESRUEL, *à part.*
Ah ! mais !... Ah ! mais !... il m'ennuie ! (*Il passe à droite.*)

BUZONVILLE, *prenant une chaise à droite.*
Et cette chaise, qu'est-ce qu'elle fait là ? (*Il la porte à gauche ; puis trouvant une feuille de papier timbré sur le pupitre de gauche.*) Une feuille de papier timbré qui traîne !... On ne doit pas laisser traîner le papier timbré ! ça coûte sept sous, monsieur, ça coûte sept sous ! (*Il met la feuille de papier dans sa poche.* — *Reprenant la chaise qu'il a placée à gauche.*) Et cette chaise, qu'est-ce qu'elle fait là ? (*Il la reporte à droite.*)

DESRUEL, *à part.*
Charmant homme !... (*Se contenant à peine. Haut.*) M. Buzonville... prenez garde.

BUZONVILLE.
Quoi !

DESRUEL.
Voilà trois mois que je vous porte sur les épaules... et je vous déclare que ça devient lourd ! (*Il met les bûches dans le feu.*)

BUZONVILLE, *le regardant faire.*
Allons ! bon !... c'était bien la peine... (*Allant à lui.*) Panier percé, va ! (*Il prend une carafe sur la cheminée et verse de l'eau sur le feu.*)

DESRUEL, *impatienté, passant à droite.*
C'est agaçant à la longue d'avoir chez soi une espèce de tire-bouchon qui fourre sa pointe dans toutes vos actions !

BUZONVILLE, *quittant la cheminée après avoir remis la carafe.*
Un tire-bouchon ! moi !... un tire-bouchon !... ah ! c'est comme ça !... Eh bien ! monsieur, soldez-moi !... votre premier paiement est échu... cent cinquante mille francs... où sont-ils?

DESRUEL.
Ne parlons pas de ça !

BUZONVILLE.
Ah ! voilà comme vous me recevez !... au moment où je m'occupe de vous, où je viens vous proposer une affaire superbe !...

DESRUEL.
Une affaire ?

BUZONVILLE.
Oui... un mariage...

DESRUEL, *à part.*
Ah ! nous y voilà !

BUZONVILLE.
Toutes les convenances y sont...

DESRUEL.
Je ne vous dis pas... mais je suis encore trop jeune pour me marier...

BUZONVILLE.
Comment ! trop jeune ?... est-ce que vous n'avez pas une étude à payer ?

DESRUEL.
Oui.

BUZONVILLE.
Alors, vous êtes d'âge... La demoiselle est charmante... je garantis sa beauté...

DESRUEL, *à part.*
Elle doit être grêlée !

BUZONVILLE.
Famille honorable...

DESRUEL, *à part.*
Parbleu ! toujours !

BUZONVILLE.
Qui habite Montargis...

DESRUEL, *à part.*
Patrie du chien !

BUZONVILLE.
Deux cent mille francs de dot.

DESRUEL.
Tiens ! c'est gentil !

BUZONVILLE.
J'ai écrit au père et j'attends sa réponse aujourd'hui... on doit me l'adresser ici... vous paierez le port... bien entendu...

DESRUEL.
Très-bien... nous en recauserons... plus tard.

BUZONVILLE.
Oui, mais quand vous serez agréé par la famille, je vous recommande bien une chose...

DESRUEL.
Laquelle ?

BUZONVILLE.
Changez de conduite... ne vous vautrez plus dans les folles orgies du carnaval.

DESRUEL.
Soyez tranquille.

BUZONVILLE, *d'un ton affectueux.*
Et puis, je vous en prie... Ernest, quand vous me parlez, soyez moins cassant ?

DESRUEL, *de même.*
Oui, Buzonvillé...

BUZONVILLE.
Vous m'avez appelé tire-bouchon !

DESRUEL.
Que voulez-vous ?... c'est plus fort que moi ! quand vous êtes là... il me semble que j'ai derrière moi un orgue de barbarie qui me chante toujours le même air... (*Chantant et ayant l'air de jouer de l'orgue.*) A la grâce de Dieu !... C'est très-pénible !...

BUZONVILLE, *avec bonne foi.*
Oui... oui... (*A part.*) Est-ce que je lui ai chanté la grâce de Dieu? diable !... on dit que ça paie !...

LUCIEN, *entrant par le fond.*
Monsieur... c'est madame de Lussang qui demande à vous parler.

DESRUEL, *à part.*
La marraine de Lucile ! (*Haut.*) Faites entrer !
(*Lucien disparaît par le fond.*)

BUZONVILLE.
Une cliente !... en paillasse !

DESRUEL.
Ah ! sapristi ! je l'avais oublié.

BUZONVILLE.
Vite ! allez vous habiller ! je vais recevoir cette dame...

DESRUEL.
Oui, Buzonville. (*Il reprend son manteau, qu'il a posé près de son bureau.*)

LUCIEN, *reparaissant au fond.*
Entrez, mesdames.

DESRUEL, *disparaissant par la droite.*
Oh !...

SCÈNE IV.

LUCILE, MADAME DE LUSSANG, BUZONVILLE.
Madame de Lussang entre par le fond suivie de Lucile.

BUZONVILLE, *à part, devant la porte de droite.*
Il était temps !

UN NOTAIRE A MARIER.

MADAME DE LUSSANG.
Monsieur Buzonville !

BUZONVILLE, *saluant.*
Madame... Mademoiselle...

MADAME DE LUSSANG.
On m'avait dit que monsieur Desruel était dans son cabinet... (*Elle fait un pas vers la droite.*)

BUZONVILLE, *l'arrêtant.*
Il va venir, madame... il est occupé avec... trois maîtres de forge !... pour un acte d'association.

MADAME DE LUSSANG.
Il travaille donc toujours beaucoup ?

BUZONVILLE.
Oh ! énormément !... c'est ce que nous appelons un piocheur ! (*A part.*) Je le fais mousser ! le galopin me doit sa charge ! (*Haut.*) Il se tue, il passe les nuits...

LUCILE, *avec intérêt.*
Oh ! ce pauvre jeune homme !

BUZONVILLE.
Je lui disais encore à l'instant, là, à cette place... mon cher Desruel, vous n'êtes pas raisonnable, que diable ! ménagez-vous !

LUCILE.
Et vous aviez bien raison !

BUZONVILLE.
Et c'est sage !... rangé !... (*A part, regardant le bureau.*) comme son bureau tout à l'heure... (*Haut.*) Jamais de plaisirs, de bals masqués... de soupers... Enfin, je ne crains pas de le dire, Desruel est l'exemple du notariat moderne !

MADAME DE LUSSANG.
Allons, je vois que vous lui portez une vive affection.

BUZONVILLE.
J'ose dire que c'est pour moi un second fils. (*A part, avec colère.*) Oh ! s'il ne me devait pas sa charge !

MADAME DE LUSSANG.
Croyez-vous que nous l'attendions longtemps ?

BUZONVILLE, *s'oubliant.*
Une minute !... le temps d'ôter son paillasse... (*Il va prendre une chaise au fond à droite l'apporte à madame de Lussang et indique à Lucile celle qui est près du bureau.*)

MADAME DE LUSSANG ET LUCILE.
Comment !

BUZONVILLE.
Non !... le temps de prendre ses paperasses ! (*Madame de Lussang et Lucile s'asseyent.*) Mais, je ne vous ai pas demandé de nouvelles de votre mari, ce cher monsieur de Lussang ?

MADAME DE LUSSANG.
Ne m'en parlez pas, il est fort inquiet...

BUZONVILLE, *à part, regardant la cheminée.*
Allons, voilà que ça reflambe ! (*A compter de ce moment il jette de temps en temps des regards inquiets sur le feu.*)

MADAME DE LUSSANG.
Hier, il était de garde.

BUZONVILLE.
Oui. (*A part.*) Voyez, si ce polisson viendra.

MADAME DE LUSSANG.
Et à l'heure de sa faction, n'a-t-il pas eu la malheureuse idée d'aller se faire couper les cheveux... de façon qu'il a manqué à son service...

LUCILE.
On l'a mis sur le rapport...

BUZONVILLE.
Et il craint d'aller coucher aux haricots... je connais ça. Mais ce feu ne va pas... je vais le souffler... (*Il va à la cheminée, reprend la carafe et sans être vu, verse de l'eau sur le feu.*)

MADAME DE LUSSANG.
Mon mari a pour sergent-major un homme inflexible sur la discipline... un certain Champignol...

BUZONVILLE, *reposant la carafe et revenant près de madame de Lussang.*
Marchand de volailles... je le connais beaucoup... un homme très riche... mon client... quand j'étais notaire.

MADAME DE LUSSANG.
Comment faire pour l'attendrir ?

BUZONVILLE.
Ce n'est pas facile... Ah ! une idée ! si vous lui envoyiez une invitation pour votre bal de jeudi...

MADAME DE LUSSANG.
C'est que... quel homme est-ce ?

BUZONVILLE.
Charmant ! nous le mettrons dans un coin.

MADAME DE LUSSANG, *se levant ainsi que Lucile.*
Au fait, c'est une bonne idée !... et dès que je serai rentrée... Mais monsieur Desruel ne revient pas ? (*Buzonville a reporté du fond à droite la chaise de madame de Lussang. — Lucile a passé près de sa marraine.*)

BUZONVILLE, *redescendant à droite.*
Tout de suite madame !... (*A part.*) Le gredin ! c'est comme cela qu'il fait ses affaires !

MADAME DE LUSSANG, *passant près de Buzonville.*
J'étais venue pour signer une main-levée d'hypothèques... je repasserai...

BUZONVILLE.
Par exemple ! l'acte doit-être prêt... si vous voulez prendre la peine d'entrer à l'étude...

MADAME DE LUSSANG.
Volontiers...

BUZONVILLE, *à part.*
Il faut que je fasse son métier à présent... ce n'était pas la peine de vendre ! (*Offrant la main aux dames.*) Mesdames...

MADAME DE LUSSANG.
Lucile... attendez-nous ici. (*Bas à Buzonville qui fait un mouvement.*) Vous comprenez... à cause des clercs.

BUZONVILLE, *remontant avec madame de Lussang.*
Il n'y a rien à craindre... tel notaire, tels clercs... ce sont de vraies demoiselles... nous ne les prendrions pas sans cela... Passez donc, madame... nous ne prenons que des demoiselles... (*Buzonville et madame de Lussang entrent à gauche.*)

SCÈNE V.

LUCILE, puis DESRUEL.

LUCILE, *avec un peu d'embarras.*
Eh bien ! ma marraine me laisse seule... si M. Desruel entrait... oh ! ce n'est pas que j'aie peur de lui... quand on a dansé plusieurs fois avec un jeune homme. (*Gaîment.*) C'est vrai, il m'invitait toujours... et il me regardait !.. je crois même qu'un jour... à la fin d'une pastourelle... sa main a serré la mienne ! (*Voyant paraître Desruel.*) C'est lui !.. (*Elle se retire près de la cheminée.*)

DESRUEL, *entrant par la droite. — Habit noir, cravate blanche. Il ne voit pas Lucile. — A part.*
Me voici en uniforme de notaire ! (*montrant sa cravate.*) Je crois qu'elle est assez blanche ! (*Haut, voyant Lucile.*) Mademoiselle Lucile ! (*A part.*) Un peu plus elle me voyait en paillasse !

LUCILE, *interdite, et montrant la gauche.*
Ma marraine est là... avec monsieur Buzonville... elle va revenir...

DESRUEL.
Je vous demande mille pardons... j'étais en affaire...

LUCILE.
Oui... avec des maîtres de forge.

DESRUEL, *étonné.*
Ah ! qui vous a dit ?...

LUCILE.
Monsieur Buzonville !

DESRUEL, *à part.*
Vieux craqueur !

LUCILE.
Mais vous n'êtes pas raisonnable... vous vous tuerez si vous continuez...

DESRUEL.
Moi ? à quoi faire ?

LUCILE.
Oh ! nous savons bien comment vous passez les nuits. Fi monsieur, c'est très mal.

DESRUEL, *à part.*
Buzonville a parlé de mon costume... (*Haut, avec embarras.*) Mademoiselle, je vous jure que c'est la première fois !...

LUCILE.
on, monsieur ! ce n'est pas la première fois.
DESRUEL.
ettons la seconde...
LUCILE.
ravailler comme vous le faites...
DESRUEL.
lait-il ?
LUCILE.
ous vous ruinerez la santé.
DESRUEL.
h! bah !... qui vous a dit ?
LUCILE.
oujours monsieur Buzonville !
DESRUEL, *à part.*
harmant homme. (*Haut.*) Que voulez-vous, le torrent des ires !
LUCILE.
a première affaire, monsieur, c'est de ne pas se rendre ma-e... ménagez-vous... pour vous, pour vos amis.
DESRUEL.
e n'en ai pas.
LUCILE, *se trahissant.*
Mais si, vous en avez...
DESRUEL, *avec joie.*
Ah ! (*Lucile baisse les yeux.* — *A part.*) Est-elle gentille ! ssi, dès qu'elle sera sortie de pension !...
LUCILE.
Nous ferez-vous l'honneur de venir jeudi au bal chez mame de Lussang ?
DESRUEL.
Je ferai mon possible... mais vous n'y serez pas.
LUCILE.
Par exemple !
DESRUEL.
Est-ce que vous avez congé ?
LUCILE.
Mais je ne suis plus en pension... on vient de me retirer aujourd'hui !
DESRUEL, *avec joie.*
Est-il possible ! comment !... (*Il saute.*) Elle n'est plus en ension !
LUCILE, *un peu étonnée.*
Qu'est-ce que vous avez donc ?
DESRUEL, *réprimant son premier mouvement.*
Oh ! pardon ! la joie... l'émotion... et puis, certains projets... *Il remonte et va regarder à la porte de l'étude.*) * que je nourris epuis longtemps... (*Avec chaleur.*) Ah !... mademoiselle, si ous saviez tout ce que mon cœur... (*A la voix de Buzonville ls se séparent.*)

SCÈNE VI.

DESRUEL, BUZONVILLE, MADAME DE LUSSANG, LUCILE.

BUZONVILLE, *entrant avec madame de Lussang par la gauche.*
Oui, madame...
DESRUEL, *s'éloignant de Lucile, à part.*
Que le diable l'emporte.
BUZONVILLE.
Vous êtes parfaitement en règle. (*Voyant Desruel.*) Ah ! mon successeur !
DESRUEL, *saluant madame de Lussang.*
Madame...
BUZONVILLE.
Un charmant garçon !... que nous songeons à marier...
LUCILE, *à part, avec un peu d'émotion.*
Comment !
DESRUEL, *vivement contrarié.*
Permettez... ça ne presse pas... plus tard...
BUZONVILLE.
Du tout !... le plus tôt possible... quand on a une charge à payer...
LUCILE, *à part.*
Ah ! mon Dieu !
DESRUEL, *à part.*
L'animal !

BUZONVILLE.
Ainsi, madame, si vous avez dans vos connaissances une demoiselle riche... très riche... nous ne tenons pas à la beauté.
DESRUEL, *voulant toujours arrêter Buzonville.*
Cependant...
BUZONVILLE, *bas.*
Taisez-vous donc ! (*Haut.*) Elle serait veuve... que cela ne nous ferait pas reculer !
MADAME DE LUSSANG.
Je verrai... je chercherai...
DESRUEL.
Mais...
BUZONVILLE, *à Desruel.*
Remerciez madame, qui veut bien s'occuper de vous. (*A mdame de Lussang.*) Nous vous remercions, madame, mon successeur et moi...
DESRUEL, *à part, très agité.*
Oh ! il m'ennuie !
MADAME DE LUSSANG, *saluant.*
Messieurs... (*Desruel salue.*)
BUZONVILLE.
Madame... veuillez accepter mon bras jusqu'à votre voiture...

ENSEMBLE.
Air *de danse de l'Enfant prodigue.*

MADAME DE LUSSANG.	BUZONVILLE, *à Mme de Lussang.*
D'une future,	Oui, la future,
Oui, je le jure,	Peut être mûre,
Je vous ferai le choix avec plaisir.	Il ne doit pas hésiter et choisir.
C'est très-facile,	Époux docile,
Soyez docile,	D'humeur facile,
Je vous promets un brillant avenir.	Mon successeur sera fier d'obéir.
DESRUEL, *à part.*	LUCILE, *à part.*
D'une future,	Ah ! je le jure,
Riche, mais mûre,	De cette injure,
Ce gaillard-là m'étouffera sans rougir.	Par mon dédain, je saurai le punir !
Ah ! l'imbécile !	Rêve stérile,
Devant Lucile,	Espoir fragile,
Parler ainsi... c'est me faire haïr !	Il n'y faut plus songer à l'avenir.

(*Buzonville et madame de Lussang sortent par le fond.*)
DESRUEL, *saluant Lucile qui s'en va la dernière.*
Mademoiselle... (*Lucile lui fait une froide révérence et sort par le fond.*)

SCÈNE VII.

DESRUEL, *seul, et très agité.*

L'imbécile ! de quoi se mêle-t-il ? aller parler de mariage devant cette jeune fille !... Pourquoi ne me promène-t-il pas sur la place avec un bouchon de paille... et un écriteau : Notaire à marier !... Une femme ! mais j'en ai une !... je l'ai trouvée ! une femme que j'aime, Lucile !... Oh ! oui, je l'aime ! et je n'en épouserai pas d'autre, c'est décidé !

SCÈNE VIII.

DESRUEL, PONT-BICHET.

PONT-BICHET, *paraissant au fond.*
Je ne vous dérange pas ?
DESRUEL.
Monsieur Pont-Bichet ! par exemple ! (*A part.*) Un de mes meilleurs clients. (*Haut.*) Donnez-vous la peine de vous asseoir... (*Il prend la chaise près de la cheminée, la lui apporte et passe à droite.*)
PONT-BICHET.
J'ai pris rendez-vous ici avec monsieur Champignol, l'acquéreur de ma maison.
DESRUEL.
Oui, pour réaliser la vente.
PONT-BICHET.
C'est lui, maintenant, qui va être votre propriétaire...
DESRUEL.
Je m'en console en songeant qu'il me reste un bon client. (*Il lui serre la main.*)
PONT-BICHET.
Ce cher ami !... (*A part.*) Ma femme m'a recommandé d'attaquer délicatement la question. (*Il s'assied.*)
DESRUEL, *prenant la chaise qui est contre le bureau et s'asseyant près de Pont-Bichet.*
Et que comptez-vous faire de vos capitaux ?

PONT-BICHET.
Mais... (*A part.*) Tiens, c'est un joint. (*Haut et avec intention.*) Je compte en consacrer une partie à la dot de ma fille.
DESRUEL.
Ah !
PONT-BICHET, *lui frappant sur les genoux.*
Cent cinquante mille francs... c'est assez gentil, n'est-ce pas ?
DESRUEL.
Certainement.
PONT-BICHET.
La connaissez-vous, ma fille ?
DESRUEL.
Parfaitement... J'ai eu l'honneur de danser avec elle...
PONT-BICHET, *avec franchise.*
Eh bien ?
DESRUEL, *qui ne comprend pas.*
Quoi ?
PONT-BICHET.
Comment la trouvez-vous, ma fille ?...
DESRUEL.
Charmante ! (*A part.*) Elle a les cheveux oranges ! (*Montrant ceux de Pont-Bichet.*) conformes à l'échantillon.
PONT-BICHET, *d'un air engageant.*
Eh bien ?
DESRUEL, *toujours sans comprendre.*
Quoi ?
PONT-BICHET, *se levant et remettant sa chaise près de la cheminée.*
Tenez, moi, je ne sais pas finasser ; je ne suis pas comme ma femme, j'aborde carrément les questions...
DESRUEL, *à part, inquiet et se levant.*
Diable ! est-ce que ?... (*Il reporte sa chaise contre le bureau.*)
PONT-BICHET.
Desruel !... je cherche un notaire pour ma fille !
DESRUEL, *à part.*
Ça y est !... (*Haut et embarrassé.*) C'est... c'est une heureuse idée ! (*A part.*) Encore une femme ! Ah ça ! c'est donc jour de marché aujourd'hui !
PONT-BICHET.
Voyons, répondez-moi... carrément !
DESRUEL.
Eh bien ! carrément... ça ne se peut pas !
PONT-BICHET, *avec bonhomie.*
J'ajouterai le trousseau !
DESRUEL.
Certainement, mademoiselle Pont-Bichet est ravissante... avec le trousseau...
PONT-BICHET.
Et ses cheveux !
DESRUEL.
Oui, ses cheveux... j'y pensais ! (*A part, le regardant.*) conformes à l'échantillon... (*Haut.*) Mais, voyez-vous, j'ai un autre mariage en train...
PONT-BICHET, *sans se fâcher.*
Ah !
DESRUEL.
Oui... quelque chose de très-avancé.
PONT-BICHET.
C'est différent... n'en parlons plus !... Vous ne connaîtriez pas un autre notaire... vacant ?
DESRUEL.
Non, dans ce moment... (*A part.*) Il a la bosse du notaire... (*Il va près du bureau.*)
PONT-BICHET, *remontant.*
Ah ça ! mais... ce Champignol n'arrive pas... On le dit riche. (*Il redescend.*)
DESRUEL.
Il gagne beaucoup d'argent.
PONT-BICHET.
A quoi ?
DESRUEL.
Vous ne devineriez jamais... A vendre des bouquets de persil, des salades, du beurre, des poulets... C'est un des plus forts négociants de la halle...
PONT-BICHET.
Il n'a pas de fils à marier ?

DESRUEL.
Non !... Je ne lui connais qu'une fille, et elle n'est pas notaire !
PONT-BICHET, *de très-bonne foi.*
Fâcheux ! fâcheux !... Vous avez préparé la quittance ?
DESRUEL.
Elle doit être dans mon cabinet... Vous permettez ?
PONT-BICHET.
Allez, allez !
(*Desruel entre à droite.*)

SCÈNE IX.

PONT-BICHET, puis CHAMPIGNOL, CANUCHE.

PONT-BICHET, *avec un peu de regret.*
Charmant garçon ! charmant garçon !
CHAMPIGNOL, *entrant par le fond et s'adressant à Canuche qui le suit et qui porte sur l'épaule une grande sacoche pleine de monnaie.*
Holà ! doucement ! Biquet, doucement !
PONT-BICHET.
Ah ! monsieur Champignol !
CHAMPIGNOL.
Tiens ! c'est mon vendeur... J'apporte les noyaux. (*A Canuche.*) Débarrasse-toi, Biquet !
CANUCHE, *gardant sa sacoche et restant au deuxième plan.*
Faites pas attention, patron ! (*A part.*) Qué joli vieillard que ce père Champignol... et sa fille donc ! (*Il pousse un soupir.*) Heu !
CHAMPIGNOL, *à Pont-Bichet.*
Dites donc, père chose... elle est gentille votre immeuble... Je viens de la regarder dans la rue... ça fait un beau tas de pierres !
PONT-BICHET.
Mais oui.
CANUCHE, *à part.*
Comme il s'exprime... et sa fille donc ! (*Il pousse un soupir.*) Heu !
CHAMPIGNOL.
Par exemple ! j'ai vu une crevasse dans l'escalier... Pas vrai Biquet ?
CANUCHE, *descendant un peu la scène.*
Dousse, patron, dousse !
CHAMPIGNOL, *à Pont-Bichet.*
Biquet en a vu *dousse*. (*Il remonte.*)
PONT-BICHET.
Je ferai observer à M. Biquet...
CANUCHE, *offensé.*
Qui ça, Biquet ? Je m'appelle Canuche, entendez-vous ?
PONT-BICHET.
Oh ! pardon !...
CANUCHE.
Biquet est un nom d'agrément pour le patron tout seul... pour sa fille *tout seul*.
CHAMPIGNOL, *redescendant.*
Allons, ne vas-tu pas te fâcher, grand cornichon ! Qu'est-ce que tu fais là avec ta sacoche ?
CANUCHE.
Patron, c'est que...
CHAMPIGNOL.
Allons, tais-toi !
CANUCHE.
Oui, patron... (*A part.*) Est-*y* imposant... et sa fille, donc !

SCÈNE X.

CANUCHE, CHAMPIGNOL, DESRUEL, PONT-BICHET.

DESRUEL, *entrant un papier à la main.*
Pardon de vous avoir fait attendre...
CHAMPIGNOL, *ôtant vivement son chapeau.*
Oh ! M. le notaire ! Salue, Biquet !
(*Canuche ôte son chapeau.*)
DESRUEL, *donnant le papier à Pont-Bichet.*
Voici la quittance... (*A Champignol*). Vous avez les fonds

UN NOTAIRE A MARIER.

CHAMPIGNOL, *tirant de sa poche un vieux portefeuille.*
Tient !
DESRUEL, *à Pont-Bichet, se mettant à son bureau.*
Allez signer ? (*Pont-Bichet s'approche du bureau et signe.*)
RUCHE, *regardant Champignol qui compte ses billets de banque.* — *A part.*
Jurerait sa fille... quand elle épluche de l'oseille ! (*Eût-on baiser à Champignol.*) Ravissante créature !
CHAMPIGNOL.
St bien le compte... (*Remettant des billets à Pont-Bichet.*) d'abord les billets !... ensuite les espèces... (*A Canuche.*) Poche, Biquet. (*Canuche s'approche avec sa sacoche.*) Tourne. urne le dos du côté de Pont-Bichet.)
PONT-BICHET, *regardant la sac.*
'est-ce que c'est que ça ?
CHAMPIGNOL.
st l'appoint, 500 francs en gros sous !
DESRUEL.
in ?
PONT-BICHET.
mment, en gros sous !
CHAMPIGNOL.
us en recevons *normément* à la halle !
CANUCHE.
ormément.
PONT-BICHET.
ermettez...
CHAMPIGNOL., *passant près de Pont-Bichet.*
des fois vous en trouviez des mauvais, vous auriez l'obligation de les mettre de côté... Biquet se charge de les repasser dans mon commerce... C'est sa partie. (*Il passe près du bureau.*)
CANUCHE, *gaîment.*
ui, je suis l'unique pour faufiler les mauvais sous ! (*Offrant dos à Pont-Bichet.*) Si monsieur veut prendre son appoint ?
PONT-BICHET, *avec impatience.*
h ! qu'est-ce que vous voulez que je fasse de ça ?
CANUCHE.
h bien ! et moi ! Je n'ai pas envie de vieillir avec ça sur le l Du moment que c'est plus au patron... je lâche tout.
DESRUEL.
osez ça dans un coin.
CHAMPIGNOL, *allant à Canuche avec empressement.*
écoute monsieur le notaire !... Tout de suite, monsieur le aire ! (*Desruel remonte et passe à la droite de Pont-Bichet.*)
CHAMPIGNO , *aidant Canuche à se débarrasser de sa sacoche qu'il pose dans un coin à gauche.*
Là ! voilà ce que c'est !
PONT-BICHET, *à Desruel.*
Il va me falloir une voiture de déménagement !
DESRUEL, *bas.*
Laissez-moi ça. Il est mon propriétaire... au terme, je lui sa quittance avec !
PONT-BICHET.
Superbe idée... Je me sauve !
DESRUEL, *lui donnant la main.*
Adieu !... mes hommages à madame.
PONT-BICHET, *allant à Champignol.*
Monsieur, je vous présente mes respects.
CHAMPIGNOL.
C'est pas de refus.

ENSEMBLE.

Air : *Quel repas délectable* (Val d'Andore.)
C'est une affaire faite :
C'est décidé,
Signé, soldé !...
Il est } de { son } emplette,
Je suis }   { mon }
Heureux, satisfait ;
Pour moi } c'est un marché parfait.
Pour lui }

Pont-Bichet sort par le fond. — Desruel l'accompagne et disparaît un moment. — Canuche passe à droite.)

SCÈNE XI.

CHAMPIGNOL, CANUCHE, puis DESRUEL.

CHAMPIGNOL, *à Canuche.*
Repose-toi, mon garçon ; t'es chez moi ! t'es dans ma maison. (*Il s'assied près de la cheminée.*)

CANUCHE, *s'asseyant près du bureau.*
C'est vrai ! nous v'là cheux nous !
CHAMPIGNOL.
Ah ! ça fait du bien de s'assire dans ses immeubles !
DESRUEL, *rentrant par le fond.*
Eh bien ! les voilà installés !
CHAMPIGNOL.
Dites donc, monsieur le notaire... quand est-ce que finit votre bail ?
DESRUEL.
Dans un an ; pourquoi ?
CHAMPIGNOL.
J'ai ma petite idée... : j'ai envie de flanquer tout ça par terre !
DESRUEL.
Comment ?
CHAMPIGNOL.
Ici, je ferai une cuisine.
DESRUEL.
Dans mon étude !
CANUCHE, *avec autorité.*
Puisque la maison est à lui !
CHAMPIGNOL.
Ensuite j'ôterai les parquets et je mettrai des carreaux partout...
DESRUEL , *ironiquement.*
Oui, ce sera plus chaud.
CANUCHE.
Et plus propre... on peut arroser.
CHAMPIGNOL. *se levant, ainsi que Canuche.*
Allons, Biquet ! ne flânons pas... Retourne à la boutique... moi, je monte au-dessus visiter les autres locals. (*Arrachant un chambranle de la cheminée.*) Tiens ! c'te cheminée !... ça ne tient pas ! (*Il met le chambranle sous son bras.*) J' vas l'emporter.
DESRUEL.
Mais monsieur !
CANUCHE.
Puisque la maison est à lui !
CHAMPIGNOL, *passant au milieu.*

ENSEMBLE.

Air de *l'Amour.* (J. Nargeot.)
Je sais faire
Mon affaire :
N' vous tourmentez pas du tout.
Je suis l' maître,
Et j' veux r'mettre
Votr' local dans l' meilleur goût.

CANUCHE.
Il sait faire
Son affaire :
N' vous tourmentez pas du tout ;
Il est l'maître
De remettre
Votr' local dans l' meilleur goût.

DESRUEL.
C'est trop faire
D'arbitraire :
C'est pour me pousser à bout,
Je veux être
Seul le maître ;
Ce local est à mon goût.

(*Champignol et Canuche sortent par le fond.*)

SCÈNE XII.

DESRUEL, puis BUZONVILLE.

DESRUEL.
En voilà un auquel je donnerai congé !
BUZONVILLE, *entrant vivement par la gauche, une lettre à la main.*
Ah ! mon ami... je vous cherchais... votre concierge vient de me remettre la réponse de Montargis.
DESRUEL.
De Montargis ?... qu'est-ce que c'est que ça ?...
BUZONVILLE.
Vous savez bien... cette demoiselle...
DESRUEL.
Ah ! oui ! (*A part.*) Nous y revenons !

BUZONVILLE, *décachetant la lettre.*

La voici ! je ne l'ai pas encore décachetée... Ecoutez... c'est cinq sous...' vous savez... Oh ! vous ne les regretterez pas... (*Lisant.*) « Mon cher Buzonville, la demoiselle dont vous me » demandez la main, est un garçon... je l'ai mis dans la marine. »

DESRUEL, *gaîment.*

Un matelot !

BUZONVILLE.

Ah ! sacrebleu !... Dame ! ils m'ont envoyé une lettre de faire part il y a dix-huit ans.... j'avais oublié le sexe !...

DESRUEL, *riant.*

Ah ! ah ! ah !... Allons ! c'est drôle !

BUZONVILLE.

Vous riez, monsieur ! quand un mariage superbe nous craque dans les mains !

DESRUEL.

Voyons... ne vous fâchez pas, père Buzonville, j'en ai un autre.

BUZONVILLE.

Ah bah ! (*D'un ton très-aimable.*) Ce cher Desruel !...

DESRUEL.

D'abord, elle est brune...

BUZONVILLE.

Ça, ça m'est égal.

DESRUEL.

Des yeux d'une douceur !...

BUZONVILLE.

Oui, oui, après ?

DESRUEL.

Et un teint... de lys !

BUZONVILLE.

Oui, oui, après ?

DESRUEL.

Enfin, mon cher Buzonville, vous qui êtes pour moi un ami, presqu'un père... (*Le prenant par dessous le bras.*) je viens vous prier de faire la demande...

BUZONVILLE.

Volontiers... où demeure-t-elle ?

DESRUEL.

Mais, c'est Lucile !

BUZONVILLE.

Qui ça, Lucile ?... ça n'est pas une adresse.

DESRUEL, *lui tenant toujours amicalement le bras.*

La filleule de madame de Lussang...

BUZONVILLE, *le repoussant brusquement.*

Hein ?... voulez-vous me lâcher !

DESRUEL.

Quoi donc ?

BUZONVILLE, *avec éclat.*

Mais elle n'a pas le sou... votre Lucile !!!

DESRUEL.

Comment !

BUZONVILLE.

Parbleu ! c'est moi qui ai fait son inventaire... et après avoir payé les dettes de la succession, il lui restait juste quarante neuf francs... pas de rente !...

DESRUEL, *avec cœur.*

Ah ! pauvre enfant ! Eh bien ! tant mieux ! je serai pour elle un appui, un soutien...

BUZONVILLE.

Plaît-il ?

DESRUEL, *passant à gauche, et avec enthousiasme.*

Elle me devra sa fortune... je travaillerai pour elle, pour ma femme !...

BUZONVILLE.

Eh bien ! et moi ?... qui est-ce qui me paiera ? Je le trouve superbe !

DESRUEL.

Plus tard... vous m'accorderez du temps...

BUZONVILLE.

Mais non, monsieur ! que diable ! Quand on doit sa charge, on n'épouse pas des demoiselles de quarante neuf francs ! c'est stupide !

DESRUEL.

Mais je l'aime ! je l'aime !

BUZONVILLE.

Un mariage d'amour ! Monsieur, vous êtes la honte du notariat moderne !

DESRUEL.

Voyons, monsieur Buzonville... vous avez aimé dans votre temps...

BUZONVILLE.

J'ai aimé... j'ai aimé deux cent cinquante mille francs, monsieur, en bons du Trésor !... c'est ma seule passion !

DESRUEL.

Permettez...

BUZONVILLE, *furieux.*

Non, monsieur, je ne permets pas ! Quarante-neuf francs ! pour en payer cinq cent mille !... voilà un à-compte !... Je vous le déclare tout net, je refuse mon consentement à ce mariage !...

DESRUEL, *impatienté.*

Eh ! monsieur !

BUZONVILLE.

Quoi !

DESRUEL.

Eh bien !... je m'en passerai de votre consentement !

BUZONVILLE, *nez à nez avec Desruel.*

Non, monsieur !

DESRUEL.

Si, monsieur !...

BUZONVILLE.

Non, monsieur !..

DESRUEL, *impatienté.*

Si monsieur !... je suis bien libre, peut-être...

BUZONVILLE, *éclatant.*

Non, monsieur, vous n'êtes pas libre !... ça serait trop commode ! On achèterait une charge, on prendrait des engagements, et un beau jour on se dirait : Tiens ! si j'épousais Lucile !... Allons donc ! allons donc !

DESRUEL, *à part.*

Mon Dieu ! Mon Dieu ! (*Il va s'asseoir près de la cheminée.*)

BUZONVILLE.

Je vous en avertis, monsieur, si vous donnez suite à ce projet... je vous force à vendre...

DESRUEL, *retournant la tête vers Buzonville.*

Hein ?...

BUZONVILLE.

Je vous fais exproprier !...

DESRUEL, *se levant vivement.*

M'exproprier !

BUZONVILLE, *furieux.*

Par voie d'huissier !... voilà mon ultimatum ! (*Il remonte.*) Une demoiselle de quarante-neuf francs !... oh ! oh ! oh !... (*Il sort par le fond.*)

SCÈNE XIII.

DESRUEL, puis LUCIEN.

DESRUEL, *seul, se promenant avec agitation*

Vieux parchemin ! Il n'y a pas à dire, je suis dans ses griffes !... Après tout, il a raison, j'ai pris des engagements... il faut les remplir !... je ne m'appartiens pas, je suis une chose une échéance !... Quel sot métier ! j'aimerais mieux être porteur d'eau ! Au moins, les Auvergnats... ils épousent des Auvergnates qui leur plaisent... et ils mangent tous des choux en semble ! C'est mauvais ! mais c'est moins lourd sur l'estomac qu'un Buzonville sur les épaules !... (*Avec amour.*) Pauvre Lucile ! Je t'aurais pourtant bien aimée !... (*Avec rage.*) Mais je suis notaire ! Voyons, où il y a-t-il une femme ? n'importe laquelle ! pourvu qu'elle soit riche !

LUCIEN, *entrant par la porte de gauche avec des papiers.*

Monsieur ?

DESRUEL.

Je n'y suis pas !

LUCIEN.

Vos lettres à signer...

DESRUEL, *s'asseyant à son bureau.*

C'est bien... donnez. (*A lui-même avec rage et prenant les lettres.*) Oui, je me marierai... j'épouserai une bossue ! elle sera encore plus riche. (*Écrivant sur les lettres avec rage.*) « Post-scriptum. — Trouvez-moi donc une bossue !...» (*A mesure qu'il a écrit sur une lettre, il la jette devant lui à terre. Lucien la ramasse.*)

LUCIEN, *étonné.*

Hein !

DESRUEL, *écrivant.*

Trouvez-moi donc une bancale ! »

LUCIEN.

Ah ! mon Dieu !...

DESRUEL, *écrivant.*

« Trouvez-moi donc une femme ! »

LUCIEN.

Que faites-vous donc, monsieur?

DESRUEL, *avec colère.*

Quoi? Je veux me marier... je mets l'écriteau !

LUCIEN, *à part, ramassant la dernière lettre.*

Qu'est-ce qu'il a donc ?.. je l'aimais mieux en paillasse ! (*Il sort par la gauche en emportant les lettres.*)

SCÈNE XIV.

CHAMPIGNOL, DESRUEL *toujours à son bureau.*

CHAMPIGNOL, *paraissant au fond, avec une moitié de fenêtre sur l'épaule et son chambranle de cheminée dans l'autre main.— parle à la cantonnade.*

Puisqu'on vous dit que c'est pour la faire arranger !

DESRUEL.

Qu'est-ce ?

CHAMPIGNOL, *entrant.*

C'est un locataire... il a un châssis en mauvais état... Alors l'emporte... il prétend qu'il va s'enrhumer...

DESRUEL, *sans le regarder.*

Dame !... si vous emportez les fenêtres...

CHAMPIGNOL.

Allons donc ! des mauviettes !... Avez-vous mes titres

DESRUEL, *tout en rangeant ses papiers avec colère.*

Demain... l'acte de vente n'est pas enregistré.

CHAMPIGNOL.

Adieu, monsieur le notaire.

DESRUEL.

Bonjour ! (*Champignol disparaît par le fond.*)

DESRUEL, *courant après lui.*

A propos... (*Appelant.*) Eh ! monsieur ! monsieur !...

CHAMPIGNOL, *en dehors.*

Quoi ?

DESRUEL.

Trouvez-moi donc une femme ! (*Redescendant.*) Tant pis !...

CHAMPIGNOL, *reparaissant avec sa fenêtre sur l'épaule et son chambranle à la main.*

Une femme ?... pour qui ?

DESRUEL.

Pour moi.

CHAMPIGNOL, *entrant.*

Attendez donc... j'ai peut-être votre affaire... mais vous ne voudrez pas... un notaire !

DESRUEL, *vivement.*

Combien de dot ?

CHAMPIGNOL.

Deux cent mille francs...

DESRUEL, *avec certitude.*

Elle est bossue !

CHAMPIGNOL.

Bossue !... ma fille !

DESRUEL.

Oh ! pardon ! je l'épouse... marchons. (*Il veut remonter.*)

CHAMPIGNOL, *l'arrêtant.*

Attendez donc ! Vous ne la connaissez seulement pas... Dans une heure, venez à la boutique sous un prétexte ingénieux !...

DESRUEL.

Oui.

CHAMPIGNOL.

Vous demanderez... des anchois.

DESRUEL.

Oui, c'est très-ingénieux !

CHAMPIGNOL, *à part.*

Si le mariage manque, ça sera toujours ça de vendu. (*Haut.*) Vous verrez Madeleine, Madeleine vous verra... et si vous lui plaisez, comme je le crois, un notaire !... l'affaire est faite... Nous ferons cuire un bœuf !

DESRUEL.

C'est trop !...

CHAMPIGNOL.

Nous serons vingt-deux !

DESRUEL.

Non ! trop de bonté... m'accorder votre fille...

CHAMPIGNOL.

Tiens, un notaire !... Ainsi, dans une heure, c'est convenu... vous demanderez des anchois. (*Il remonte.* — *Musique à l'orchestre jusqu'au baisser du rideau.*)

DESRUEL, *passant à gauche.*

Oui... des anchois !

CHAMPIGNOL, *arrivé au fond, se retournant.*

Des anchois !... (*Il disparaît par le fond.*)

DESRUEL, *resté seul, tombe sur une chaise et sanglotte en disant :*

Oh ! Lucile !... Lucile !

Le Rideau baisse.

Fin du premier Acte.

Acte II.

Intérieur d'une boutique de marchand verdurier. — Au fond, sur la rue, la devanture vitrée garnie de marchandises, avec porte au milieu. — Deux portes à droite; deux autres à gauche. — Comptoir à droite entre les deux portes. — Une falourde et un grand panier à mettre des œufs, au fond à droite. — Un petit panier au fond à gauche. — Sur le devant à gauche, un mortier avec son pilon. — A droite, sur le devant, une grande pancarte clouée au mur. — Balances et registre sur le comptoir. — Lapins et volailles suspendus au vitrage du fond. — Chaises de paille. — Plumes et encre sur le comptoir.

SCÈNE I.

CANUCHE, *à gauche sur le devant, tamisant du poivre au-dessus du mortier;* MADELEINE, *dans le comptoir, écrivant sur les livres de commerce.*

MADELEINE, *calculant.*

7 et 8 font 15... et 9, 24... et 3,. 27.

CANUCHE, *tamisant et la regardant avec amour.*

Qu'elle est belle quand elle calcule !... (*Il commence un soupir et finit par un éternuement.*) Heu ! atchou !... cré poivre ! j'ai moulu trop fin !

MADELEINE.

27 et 8... 35... pose 5... et retiens 3.

CANUCHE, *à part.*

Qu'elle est belle quand elle pose 5 et retient 3 ! (*Il soupire et éternue.*) Heu !... atchou !...

MADELEINE.

Tiens ! vous avez du rhume, mon pauvre Canuche ?

CANUCHE, *se rapprochant un peu d'elle.*

Du rhume... si ça vous fait plaisir, mam'zelle Madeleine, mais non... c'est du poivre... (*A part.*) tamisé avec de l'amour !...

MADELEINE, *les coudes sur le comptoir.*

Quand vous vous reposeriez un peu... c'est pas le poivre qui ira le dire à papa.

CANUCHE, *riant.*

Oh ! non ! c'est pas le poivre ! (*A part.*) A-t-elle des réparties, mon Dieu !... (*Haut.*) Mais si j'rentrait, le père Champignol, et qu'il me trouve les bras dans mes poches... il me donnerait une tonille.

MADELEINE, *se levant et quittant le comptoir.*

Puisque vous l'avez laissé dans sa nouvelle maison avec son notaire.

CANUCHE, *posant son tamis dans le coin à gauche et venant près de Madeleine.*

Oui ! et ben heureux, le pauvre cher homme !... il embrasse les murs... c'est drôle qu'on embrasse les murs !

MADELEINE.
Dame! il est veuf, lui!

CANUCHE.
C'est vrai!... chaque âge a ses plaisirs... il aime la bâtisse, cet homme... moi, j'aime mieux rêver dans la prairie... comme ce dimanche que nous fûmes, nous trois votre père, passer la journée à la campagne... à Pantin... vous en souvenez-vous?

MADELEINE.
Nous étions partis pour aller déjeûner sur l'herbe...

CANUCHE.
Mais ne y avait pas d'herbe... alors, nous nous assîâmes sur un tas de cailloux au bord de la grande route.

MADELEINE.
Et vous me *prétites* votre eustache pour ouvrir mes noix...

CANUCHE, *avec amour*.
Même que vous me *l'ébréchâtes* du bout... Oh! jamais on ne la rémoulera de mon vivant!... c'est de ce jour-là, Madeleine, que je fus mordu pour vous...

MADELEINE.
Vous étrenniez votre pantalon de nankin.

CANUCHE.
Même que je m'y fis un accroc sur les cailloux pointus... Non! jamais on ne le raccommodera de mon vivant!... (*Avec passion.*) O mam'zelle Madeleine!

MADELEINE, *tendrement*.
Monsieur Canuche!... Mais pourquoi que vous ne parlez pas à papa?...

CANUCHE.
Est-ce que j'ose? J'ose pas... voilà!

MADELEINE.
Comment!

CANUCHE.
Il est si imposant, votre papa!

MADELEINE.
Lui!

CANUCHE.
J'ai essayé dix fois de lui entamer la chose... mais y me regarde... alors, je lui demande... quelle heure qu'il est?...

MADELEINE.
Qu'est-ce qu'il vous répond?

CANUCHE.
Y me répond : huit heures... ou dix heures.

MADELEINE.
Parbleu! avec une montre vous en sauriez autant... Quand on aime bien, monsieur Canuche... on ne lantiponne pas comme ça. (*Elle va se remettre dans le comptoir.*)

CANUCHE.
Je lantiponne! je ne vous aime pas!... moi!... c'est-à-dire que ce matin, je me suis surpris plumant un lapin... c'est y de l'amour, ça!... Et vous me dites des mots pénibles!... Eh bien!... vous allez voir!... (*Il met vivement son habit qu'il prend à un clou à gauche.*)

MADELEINE.
Qu'est-ce que vous faites?

CANUCHE.
Je passe mon habit, mam'zelle... et quand votre papa rentrera...

MADELEINE.
A la bonne heure! (*Champignol chantant en dehors.*) Ah!... tenez... le voici.

CANUCHE, *résolu*.
Bon!... vous allez voir!... vous allez voir si je lantiponne!

SCÈNE II.
CANUCHE, CHAMPIGNOL, MADELEINE.

CHAMPIGNOL, *il porte toujours sa fenêtre sur l'épaule et son chambranle à la main*.
Mâtin! c'est lourd!... et dire que j'en ai vingt-deusse comme ça dans ma maison!

CANUCHE.
Patron?

CHAMPIGNOL.
Tiens, Biquet... prends-moi ça... ça me coupe l'épaule... (*Madeleine sort du comptoir.*)

CANUCHE.
Oui, patron. (*Champignol lui charge la fenêtre sur l'épaule.* — *A part.*) Est-il imposant! (*Champignol passé à gauche et lui met le chambranle sous le bras.*)

MADELEINE, *bas à Canuche*.
Allez donc!

CANUCHE.
Oui... (*Il s'approche de Champignol avec la fenêtre sur l'épaule et le chambranle sous le bras.*) Patron!...

CHAMPIGNOL, *le regardant en face*.
Quoi?... quoi?

CANUCHE, *après un moment d'embarras*.
Quelle heure qu'il est?

CHAMPIGNOL, *tirant sa montre*.
Quatre heures et demie... (*Il remonte.*)

CANUCHE.
Merci, patron.

MADELEINE, *bas, à Canuche*.
Poule mouillée!

CANUCHE, *à part, passant à gauche*.
Cristi! (*Haut, avec résolution.*) Patron, depuis longtemps je couve...

CHAMPIGNOL.
Tu couves? alors, va me chercher des œufs... il n'y en a plus! (*Il va prendre le panier à œufs.*)

CANUCHE, *posant vivement sa fenêtre et son chambranle au fond, à gauche*.
Tout de suite, patron! (*A Madeleine.*) C'est pas ma faute!... y a plus d'œufs! (*Il ôte son habit et le raccroche à gauche.*)

CHAMPIGNOL, *apportant le panier*.
Eh bien! tu n'es pas parti?

CANUCHE.
Voilà, patron! (*A part.*) J'ai encore lantiponné!... je lui ferai ma demande au retour.

CHAMPIGNOL, *lui mettant le panier dans les mains*.
Eh bien?... quand tu voudras...

CANUCHE.
Voilà, patron. (*Il remonte et rencontre Madeleine au fond.* — *Bas.*) J'ai encore lantiponné... je suis un lantiponneur. (*Il sort par le fond avec le panier.* — *Madeleine le regarde un instant s'éloigner et redescend à gauche.*)

SCÈNE III.
MADELEINE, CHAMPIGNOL.

CHAMPIGNOL, *à part, passant à droite*.
Enfin! nous voilà seuls! — s'agit de la préparer finement à la visite du notaire. (*Il donne une tape sur le dos de Madeleine.*) Eh! eh!... bonjour, fi-fille!

MADELEINE.
Bonjour, p'pa (*A part.*) Il est de bonne humeur... si j'y parlais de Canuche.

CHAMPIGNOL, *passant le bras de sa fille dans le sien et s'apprêtant à parler*.
Fi-fille!...

MADELEINE.
Papa... j'aurais quelque chose à vous dire.

CHAMPIGNOL.
Moi z'aussi... (*En confidence.*) Devine ce que je t'ai rapporté de ma maison?... un cadeau!

MADELEINE, *vivement*.
La fenêtre!...

CHAMPIGNOL.
Non! (*Avec intention.*) Qu'est-ce que les demoiselles désirent le plus... pour se promener avec... le dimanche? hein?

MADELEINE, *vivement*.
Ah!... des souliers neufs!

CHAMPIGNOL.
Mais non!... (*Avec joie.*) Un prétendu!

MADELEINE, *saisie*.
Comment!

CHAMPIGNOL.
Oh! mais... dans le grand!... un homme bien... qui met des gants pour sortir! Il va venir...

MADELEINE, *à part, avec émotion*.
Ah! mon Dieu!

UN NOTAIRE A MARIER.

CHAMPIGNOL.
...us un prétexte délicat... il demandera des anchois... tu le
...s...

MADELEINE, très-embarrassée.
...is, papa, je ne suis pas pressée de me marier.

CHAMPIGNOL, lui prenant le menton.
...nnu !... connu !... c'est comme les ivrognes... qui n'ai-
... pas le vin ! (*Haut.*) Je vas donner un œil aux épinards.
...monte à droite.)

MADELEINE, le suivant.
pa ?

CHAMPIGNOL, revenant à elle.
... oui !... t'avais quelque chose à me dire ? — Quoi ?...

MADELEINE, très-embarrassée.
...st que je voulais vous demander... (*Vivement, après un
...ent d'embarras.*) quelle heure qu'il est ?

CHAMPIGNOL, tirant sa montre.
...uatre heures trente-cinq.

MADELEINE.
...erci, papa.

CHAMPIGNOL.
...insi, te v'là prévenue !... si un homme bien... qui met des
...ts pour sortir... te demande des anchois... méfie-toi ! (*Il
...onte en riant, puis s'arrête et se retourne.*) Méfie-toi !... (*Il
...en riant par la deuxième porte à droite.*)

SCÈNE IV.

MADELEINE, puis CANUCHE.

MADELEINE.
...n prétendu !... ce pauvre Canuche !

CANUCHE, entrant par le fond avec un panier d'œufs.
...l'là les œufs ! (*Posant le panier au fond à gauche.*) J'ai com-
...é une phrase ! Vite ! que je repasse mon habit ! (*Il va pour
...rendre.*)

MADELEINE, avec chagrin.
...'est pas la peine ; il n'est plus temps ! papa va me marier à
... autre.

CANUCHE, abasourdi.
Un autre !

MADELEINE, pleurant.
Que je ne connais pas... un homme bien, qui met des gants
...ur sortir... il va venir.

CANUCHE, d'un ton menaçant.
...ci ? (*Il retrousse ses manches.*)

MADELEINE.
Sous prétexte de demander des anchois.

CANUCHE.
Des anchois !... très-bien !... qu'il y vienne !

SCÈNE V.

CANUCHE, M. DE LUSSANG, MADELEINE.

DE LUSSANG, entrant par le fond et s'adressant très-poliment
à Madeleine.
Pardon, mademoiselle, je désirerais un petit bocal d'an-
...ois ?

CANUCHE, à part.
C'est lui !

MADELEINE.
Il a des gants !...

CANUCHE.
Pour sortir !

MADELEINE, à part.
Dieu ! qu'il est vieux ! (*Elle se sauve par la première porte à
...droite.*)

DE LUSSANG.
Elle ne m'a pas entendu... (*Se tournant vers Canuche.*) Par-
...on, monsieur, je désirerais un petit bocal d'anchois ?

CANUCHE, allant au fond et prenant un des morceaux de la falourde.
Tout de suite, monsieur, tout de suite...

DE LUSSANG, à part, passant à gauche.
On est très-gracieux dans cette maison... très-gracieux...

CANUCHE, revenant près de De Lussang, son bâton à la main.
Vous voyez bien ceci...

DE LUSSANG, après avoir regardé le bâton avec son lorgnon.
Pardon... je désirerais...

CANUCHE, avec une rage sourde.
Des anchois... de Nantes ou de Lorient ?... on va vous en
servir... entrez donc, monsieur, entrez donc ! (*Il lui indique la
deuxième porte à gauche.*)

DE LUSSANG, à part, et marchant à reculons.
Qu'est-ce qu'il a donc ce garçon ?

CANUCHE, agitant son bâton.
Entrez donc, monsieur, entrez donc !!! (*Il le pousse vers la
gauche.*)

DE LUSSANG.
Mais, monsieur !... (*Il sort à reculons par la deuxième porte
à gauche ; Canuche le suit.*)

SCÈNE VI.

DESRUEL, seul.

DESRUEL, paraissant au fond, en dehors, en lorgnant l'enseigne.
Je ne me trompe pas... c'est bien ici !... (*Entrant.*) Enfin, me
voici dans le sanctuaire !... la demoiselle n'y est pas... je suis
sûr que je vais voir une petite horreur !

CANUCHE, en dehors.
De Nantes ou de Lorient ?...

DE LUSSANG, en dehors.
Mais, monsieur !... monsieur !...

DESRUEL.
Qu'est-ce que c'est que ça ? (*Appelant.*) A la boutique ! (*Regardant autour de lui.*) Pristi ! que c'est mal meublé !... des chaises de paille ! (*En montrant une qui est à moitié dépaillée.*) Noble
et touchante simplicité !... c'est pourtant en s'asseyant trente
ans là-dessus qu'on arrive à acheter des maisons... (*Il s'y as-
seoit près du comptoir et ôte ses gants.*) J'aime cet intérieur mo-
deste... ces choux, ces carottes... tout cela répand un vague
parfum de verdure... on se croirait à la campagne... (*Il lorgne,
ses yeux s'arrêtent sur la pancarte qui est collée au mur à droite.*)
Une pancarte ! (*Se levant.*) quelque naïve romance, sans doute !...
Fualdès... (*S'approchant.*) Non ! le tableau comparatif des poids
et mesures... (*Il lit tout bas.*)

SCÈNE VII.

DE LUSSANG, CANUCHE, DESRUEL.

(*Desruel, contre le mur de droite, lisant. — Canuche et De Lussang sortent du cabinet à gauche. — De Lussang rajuste son
habit. — Canuche tient son bâton sous son bras et redresse le
chapeau de De Lussang qui est tout défoncé.*)

CANUCHE, faisant des excuses à De Lussang.
Pardon, monsieur, c'est une erreur... la tripotée était pour
un autre. (*Il lui rend son chapeau.*)

DE LUSSANG, gagnant la porte du fond.
On fait attention, monsieur, c'est très-désagréable.

CANUCHE, le reconduisant.
Monsieur n'a pas besoin d'autre chose ?

DE LUSSANG.
Merci... j'en ai assez ! (*Il sort vivement par le fond.*)

SCÈNE VIII.

CANUCHE, DESRUEL, puis MADELEINE.

DESRUEL, lisant le tableau.
Décalitres... décilitres... c'est trop instructif. (*Il quitte le tableau.*)

CANUCHE, l'apercevant.
Encore un ! (*Il s'approche, son bâton à la main.*) Que demande monsieur ?

DESRUEL.
Je voudrais... (*A part.*) Qu'est-ce que le beau-père m'a donc
dit de demander ? (*Se rappelant.*) Ah ! (*Haut.*) Je voudrais...
des sardines !...

CANUCHE, d'un ton très-aimable.
Des sardines ?... (*Il lui offre une chaise.*) Monsieur, donnez-
vous donc la peine de vous asseoir... (*Il va déposer son bâton
au fond.*)

DESRUEL, à part, passant à gauche.
Le garçon est prévenu... il me fait des politesses.

CANUCHE, appelant.
Mam'zelle Madeleine !... mam'zelle Madeleine !

MADELEINE, *entrant par la première porte à droite.*

Voilà ! voilà !

DESRUEL, *à part, très-étonné et avec plaisir.*

Tiens ! elle n'est pas bossue !

CANUCHE.

C'est monsieur qui demande... (*Mouvement de Madeleine.*) Non !... n'ayez pas peur !... des sardines !... monsieur n'a pas de gants. (*Il passe à gauche.*)

MADELEINE, *allant se mettre au comptoir.*

Ah ! (*Très-aimable et avec le babil d'une marchande.*) Monsieur, veut-il des sardines de Nantes ou de Lorient... celles de Nantes sont plus estimées, plus recherchées, c'est de la crème !

DESRUEL, *qui s'est approché du comptoir, à part.*

Vous a-t-elle un petit bagout !... avec une robe de satin rose, elle sera très bien !

CANUCHE.

De Nantes ou de Lorient ?

DESRUEL, *s'éloignant du comptoir.*

Va pour celles de Nantes ! (*A part.*) Quelle singulière entrevue !... amour et sardines !

SCÈNE IX.

LES MÊMES, CHAMPIGNOL.

CHAMPIGNOL, *entrant par la deuxième porte à droite et appelant.*

Canuche !... (*Voyant Desruel.*) Ah ! c'est monsieur qui demande des anchois...

CANUCHE ET MADELEINE, *saisis.*

Hein ? (*Madeleine sort du comptoir.*)

DESRUEL.

Ah ! oui !... pas de sardines !... des anchois !

CANUCHE.

Tout de suite, monsieur. (*Il va reprendre son bâton.*)

CHAMPIGNOL, *avançant une chaise à Desruel.*

Donnez-vous donc la peine...

CANUCHE, *retirant sa chaise, bas à Desruel.*

Monsieur, vous m'avez trompé ! (*Il passe à la droite de Desruel.*)

DESRUEL, *sans comprendre.*

Plaît-il ?

CANUCHE, *bas à Desruel.*

Quand un honnête homme veut des anchois, il ne demande pas de sardines !!! prenez-le comme vous voudrez !...

DESRUEL.

Vous dites ?

CHAMPIGNOL.

Biquet !

CANUCHE.

Patron ?

CHAMPIGNOL, *allant à Canuche.*

Qu'est-ce que tu fais là, avec ton coltoret ?...

CANUCHE, *brandissant son bâton.*

C'est pour moudre du poivre...

CHAMPIGNOL, *à part.*

Il nous gêne. (*Haut.*) Va-t-en !

CANUCHE, *d'un ton résolu.*

Non.

CHAMPIGNOL.

Hein ?

CANUCHE, *avec rage.*

Faut que je moude du poivre...

CHAMPIGNOL.

Plus tard... tu vas porter une andouillette de Troyes chez le garçon chapelier.

CANUCHE, *réjoui.*

Rue de Cléry ?... un quart de lieue pour trois sous !

CHAMPIGNOL.

Un demi-omnibus !... que tu ne prendras pas !... (*Canuche pose à gauche son bâton et redescend entre Desruel et Madeleine.*) Faut être aussi poli pour une commande de quinze centimes que pour une de cinq cents francs... c'est la devise des Champignol !

DESRUEL.

Elle est sage ! très sage ! (*A part.*) Il est fort bien, mon beau père !

CANUCHE, *bas à Desruel et d'un ton menaçant.*

Il ne demande pas de sardines !!! Prenez-le comme vous voudrez ! (*Madeleine lui donne l'andouillette enveloppée.*)

DESRUEL, *à part.*

Qu'est-ce qu'il me veut, celui-là ?

Air : *Ah ! quel plaisir délicieux.* (Valse de la Poupée. — ADAM.)

CHAMPIGNOL, *allant à Canuche.*

Dépêche-toi, fils, va-t-en !
Et au lambine donc pas tant !
(*Passant près de Madeleine.*)
C'est un notaire ! quel bonheur !
V'là, j'espère, un mari flatteur !

ENSEMBLE.

MADELEINE, *à part.*

Pauvre garçon, voilà pourtant
Ce qu'on gagne en lantiponnant !
Je me passerais bien de l'honneur
Que veut me faire ce monsieur !

DESRUEL, *à part.*

A la fille de ce marchand,
Tâchons de plaire, c'est urgent,
Puisque le sort, dans sa rigueur,
Me défend d'écouter mon cœur.

CANUCHE, *à part.*

Tout est perdu ! Voilà pourtant
Ce qu'on gagne en lantiponnant.
Ah ! si j'écoutais ma fureur,
J' tap'rais-j-y sur ce beau monsieur !

CHAMPIGNOL.

Dépêche-toi, fils, va-t-en, etc.

(*Canuche sort par le fond, en jetant des regards irrités sur Desruel. — Madeleine remonte et passe à gauche.*)

SCÈNE X.

MADELEINE, DESRUEL, CHAMPIGNOL.

CHAMPIGNOL, *bas à Desruel.*

Nous v'là seuls... j'ai préparé ma fille... allez ! faites votre étalage !

DESRUEL.

Comment ! mon étalage ?

CHAMPIGNOL.

Eh ben ! oui... déployez vos grâces... faites votre jabot... et vivement ! faut que je renvoie Madeleine aux épinards, parce que quand on a des épinards sur le feu... faut avoir l'œil...

DESRUEL.

Oui... (*A part.*) Les épinards avant tout !

CHAMPIGNOL, *passant près de Madeleine.*

Madeleine ?...

MADELEINE.

Papa ?...

CHAMPIGNOL.

Écoute ce que monsieur va te dire... (*Bas.*) et soigne ta conversation, c'est un notaire. (*A Desruel.*) Allez-y !... je vous donne sept minutes... (*Passant à la droite de Madeleine et la poussant d'un coup d'épaule vers Desruel.*) Vas-y !...

DESRUEL, *à part.*

Sapristi ! en voilà une présentation !... (*Saluant.*) Mademoiselle...

MADELEINE, *saluant.*

Monsieur...

DESRUEL, *à part.*

O Lucile ! mes rêves !

CHAMPIGNOL, *à part.*

Les v'là lancés... je vas mirer mes œufs ! (*Il remonte au fond s'assied et mire ses œufs.*)

DESRUEL, *à part.*

Je ne sais que lui dire... (*Il fait danser son lorgnon.*)

MADELEINE, *à part.*

Fait-y de l'embarras avec sa binocle.

DESRUEL, *saluant.*

Mademoiselle...

MADELEINE, *saluant.*

Monsieur...

CHAMPIGNOL, *au fond, mirant ses œufs.*

Allons, bon !... en v'là un de coué ! (*Il le met à part dans petit panier.*)

DESRUEL.

Monsieur votre père vous a sans doute fait part des espérances qu'il m'a permis de concevoir ?...

MADELEINE, *après un temps.*

Dame !

DESRUEL.
rances flatteuses... que je dois bien plus à sa bienveil-
...elle, et ne veuillez voir en moi... *(Il lui prend la main.)*
...qu'à mon mérite...

MADELEINE, *même jeu.*
...o !

DESRUEL.
...-il ?

MADELEINE.
s rien !

DESRUEL, *à part.*
...vre enfant ! je l'intimide ! *(Haut.)* Ne craignez rien, ma-
...selle, et ne veuillez voir en moi... *(Il lui prend la main.)*
...DELEINE, *lui donnant une vigoureuse tape sur la main.*
...ouchez pas !

DESRUEL, *à part, secouant la main.*
...e !

CHAMPIGNOL, *au fond.*
x de cœufs ! *(Il met l'œuf à part.)*
DESRUEL.
...s me paraissez, mademoiselle, jouir d'une vigoureuse
...

MADELEINE.
!... j'ai jamais vu le médecin qu'une fois...
DESRUEL, *feignant un vif intérêt.*
l vous avez été malade ?

MADELEINE.
...and on m'a vaccinée... et vous ?... êtes-vous vacciné ?
DESRUEL, *étonné.*
i ?... mais oui... certainement... *(A part.)* Quelle drôle de
...ersation ! Amour et vaccine !
MADELEINE.
...e autrefois, papa m'a amené l'arracheur de dents...
DESRUEL.
dentiste...
MADELEINE.
...i... l'arracheur de dents...
DESRUEL.
a bien ?
MADELEINE.
...tais sortie... alors, il s'est *retourné.*
DESRUEL, *un peu désappointé.*
l... il s'est *retourné ?* *(A part.)* Elle manque de gram-
...e !
CHAMPIGNOL, *mirant un œuf.*
...ois de cœufs ! *(Il la met à part.)*
DESRUEL.
...es-vous musicienne ?
MADELEINE.
cause ?
DESRUEL.
ous touchez sans doute du piano ?
MADELEINE.
h ouiche !... si papa m'entendait !... il trouve le piano t'a-
...ant.
DESRUEL, *étonné.*
...lait-il ?
MADELEINE, *plus haut.*
l trouve le piano t'agaçant...
DESRUEL, *à part.*
...a y c... c'est un cuir ! *(Haut, avec politesse.)* Pardon... je
...is que piano ne prend pas de T...
MADELEINE.
Moi non plus !... j' l'aime pas !
DESRUEL, *à part.*
Cristi !!!
CHAMPIGNOL, *à part.*
Ça chauffe là-bas... *(Mirant un œuf.)* Quatre de cœufs ! *(Il le
et à part.)*
MADELEINE.
Monsieur ?
DESRUEL.
Mademoiselle ?
MADELEINE.
Et vous êtes t'entré au Muséon c't' année ?

DESRUEL, *à part.*
T'entré !... ça fait deux... *(Haut.)* Non, mademoiselle... *(Avec intention.)* je n'y suis point z'entré.
MADELEINE.
Mon portrait y est...
DESRUEL.
Ah !
MADELEINE.
Point z'a l'huile.
DESRUEL, *à part, avec résignation.*
Trois !
MADELEINE.
C'est bête comme tout... Je tiens t'un livre à la main...
DESRUEL, *de même.*
Quatre !
MADELEINE.
Je regarde le ciel...
DESRUEL, *machinalement.*
Cinq ! *(Se reprenant.)* Non, quatre !... Donnons-lui son poids !...
MADELEINE.
Et j'ai les cheveux t'épars... *(Champignol se lève.)*
DESRUEL, *à part.*
Allons donc !... cinq !,.. Il s'est fait prier celui-là !...
CHAMPIGNOL, *redescendant près de Desruel, sa montre à la main.*
Monsieur, les sept minutes sont mangées...
DESRUEL, *ne comprenant pas d'abord.*
Quoi ?
CHAMPIGNOL.
Ma fille vous demande la permission de vaquer à ses épinards...
DESRUEL.
Comment donc !... les épinards avant tout... *(Saluant Madeleine.)* Mademoiselle... je suis enchanté... ravi... de l'honneur... *(A part.)* Toi, je t'épouserai... quand tu seras bachelier-ès-lettres.
CHAMPIGNOL, *bas à sa fille.*
Comment le trouves-tu ?
MADELEINE, *bas.*
Fadasse !
CHAMPIGNOL, *froissé, bas.*
Fadasse !... Un notaire !... fais-y la révérence !
MADELEINE, *passant près de Desruel et le saluant.*
Monsieur...
DESRUEL, *saluant.*
Mademoiselle...
(Madeleine sort par la deuxième porte à droite.)

SCÈNE XI.

DESRUEL, CHAMPIGNOL.

CHAMPIGNOL, *à part, remontant à droite.*
Fadasse ! un notaire !
DESRUEL, *à part, passant à gauche.*
Décidément, cette femme-là n'est pas possible... Si j'étais tailleur de pierre... je ne dis pas... Il s'agit de me tirer de là poliment. *(Haut.)* Mon cher monsieur Champignol...
CHAMPIGNOL.
Non... appelez-moi beau-père !
DESRUEL.
Certainement... ce serait pour moi une faveur... mais je ne sais pas si mademoiselle votre fille...
CHAMPIGNOL.
Elle vous trouve superbe !... elle vous trouve bel homme !
DESRUEL.
Je suis extrêmement flatté...
CHAMPIGNOL, *avec bonhomie.*
N'est-ce pas qu'elle est gentille ?
DESRUEL.
Qui ça ?
CHAMPIGNOL.
Ma Madeleine !... et instruite, monsieur !... voulez-vous voir son écriture ? C'est magnifique !
DESRUEL.
Je le crois, mais l'écriture ne fait pas le bonheur.

CHAMPIGNOL, *gaîment.*
Vous soupirez !

DESRUEL, *vivement.*
Non !

CHAMPIGNOL.
Si ! vous avez soupiré !... (*Il lui donne une forte tape sur l'épaule.*)

DESRUEL, *à part, se frottant l'épaule.*
Bigre ! comme sa fille !...

CHAMPIGNOL.
Allez !... faites-moi votre demande.

DESRUEL, *à part.*
Diable ! (*Haut.*) Dans un autre moment.

CHAMPIGNOL.
Tout de suite !... ou je me fâche...

DESRUEL, *à part.*
Sapristi !... un client !

CHAMPIGNOL.
Eh bien ?

DESRUEL.
Voilà !... (*A part.*) Comment me dépêtrer de là ?

CHAMPIGNOL, *allant au comptoir.*
Pendant que j'y pense, je vas prendre en note mes œufs coués.

DESRUEL.
C'est ça... ne vous gênez pas... je reviendrai.

CHAMPIGNOL, *écrivant en lui tournant le dos.*
Non !... allez toujours !... je vous écoute.

DESRUEL, *à part.*
Cristi !... en voilà une position !.. Si je pouvais lui écrire un mot... c'est moins brutal... (*Regardant dans la première pièce à gauche.*) Du papier !.. de l'encre !... je tiens mon affaire... (*Il se dirige à pas de loup vers le cabinet de gauche, premier plan.*)

CHAMPIGNOL.
Eh bien ?

DESRUEL.
Voilà !... voilà !... (*Il sort vivement par la première porte à gauche.*)

SCÈNE XII.

CHAMPIGNOL, puis CANUCHE.

CHAMPIGNOL, *tournant toujours le dos et écrivant.*
Nous disons quatre œufs de coués... ce pauvre garçon !... il est ému... y met ses gants...

CANUCHE, *venant du fond, à part.*
L'andouillette est portée ! (*Apercevant Champignol.*) Le patron !... seul !... je me risque ! (*Il va prendre son habit et le met.*)

CHAMPIGNOL.
Allons, jeune homme, faites-moi votre demande.

CANUCHE *se posant derrière lui et d'une voix émue, après avoir mis sa casquette par terre.*
Ma demande ?... Monsieur... j'ai l'honneur de vous demander la main de mademoiselle votre fille...

CHAMPIGNOL.
Monsieur... vous me voyez pénétré de l'honneur... (*L'apercevant.*) Canuche !... tu me demandes la main... (*Lui donnant un coup de pied au moment où il ramasse sa casquette.*) Tiens ! la voilà !...

CANUCHE, *calme.*
Allez !... vous êtes son père !

CHAMPIGNOL.
A-t-on jamais vu !... un commis à 18 francs par mois et pas blanchi !...

CANUCHE, *avec élan.*
Si vous saviez comme je l'aime, patron !

CHAMPIGNOL, *éclatant.*
Tu m'ennuies !... moi, j'aime la femme du Grand Turc, et je ne lui demande pas sa main, animal !

CANUCHE.
Oui, mais elle ne vous aime pas, tandis que Madeleine,..

CHAMPIGNOL, *furieux.*
Hein ?... Madeleine !...

CANUCHE.
C'est pas pour me vanter... elle me fait des petits yeux comme ça... (*Il regarde Champignol en coulisse.*)

CHAMPIGNOL.
Attends !... je vais t'en donner des petits yeux ! Ah ! gredin ! (*Il lui donne un coup de pied qui le fait passer à droite.*)

CANUCHE, *avec calme.*
Allez ! vous êtes son père !

CHAMPIGNOL.
Va-t'en ! je te chasse !

CANUCHE.
Moi !... d'où ça ?

CHAMPIGNOL.
D'ici !... de chez moi !

CANUCHE, *très-ému.*
Ah !... patron !... c'est pas possible !... moi !... votre Biquet !...

CHAMPIGNOL.
File !

CANUCHE.
Je m'éteindrai... je ne lui dirai plus rien à votre fille... je me contenterai de la regarder en silence... comme un oignon regarde le soleil !

CHAMPIGNOL.
Ah ! mais tu me crispes !... tu m'agaces !... si tu ne sors pas, j'vas t'assommer !... (*Il prend le pilon du mortier et vient sur lui en le menaçant.*)

CANUCHE, *exaspéré, reculant à gauche.*
Ah ! c'est comme ça !... eh ben, oui... je m'en vais... mais je reviendrai !...

CHAMPIGNOL.
Je te le défends !

CANUCHE.
Je reviendrai tous les jours... vous acheter un sou de raisin sec !

CHAMPIGNOL.
Essaie !

CANUCHE.
J'ai trente-six francs.... et je vous ferai pas mal de visites... à un sou pièce ! vous voirez !... vous voirez ! (*Il se dirige vers la deuxième porte à gauche.*)

CHAMPIGNOL.
Où vas-tu ?

CANUCHE, *avec dignité.*
Prendre ma malle... dans mes appartements ! elle est à moi ma malle !... (*Se dirigeant à gauche.*) Vous voirez !... vous voirez ! (*Il sort par la deuxième porte à gauche.*)

SCÈNE XIII.

CHAMPIGNOL, puis LUCIEN.

CHAMPIGNOL, *seul, donnant un coup du pilon sur la porte que Canuche referme.*
Ah ! gredin !... viens-y, va ! je t'en donnerai du raisin sec, pour tes trente-six francs ! (*Remettant le pilon dans le mortier et se retournant.*) Ah ! ça... et mon gendre... le notaire ?.. il s'est allé rejoindre Madeleine, le gaillard !... Voyez-vous ça ! ces cuistres de notaires... sont-ils ardents !.. sont-ils ardents ! (*Il pour rejoindre Madeleine à droite.*)

LUCIEN, *entrant par le fond.*
Pardon, monsieur... Monsieur Desruel ? On m'a dit qu'il était ici.

CHAMPIGNOL.
Oui, monsieur.

LUCIEN.
Je suis son principal clerc... c'est très pressé...

CHAMPIGNOL.
Son commis. (*A part.*) Il a des commis avec des gants ! (*Haut.*) Tout de suite, jeune homme ! je vas vous l'envoyer... il est aux épinards... (*Il sort par la deuxième porte à droite.*)

SCÈNE XIV.

LUCIEN, puis DESRUEL.

LUCIEN.
Aux épinards !... un notaire ! (*Il remonte vers la deuxième porte, à droite.*)

UEL, *entrant par la première porte, à gauche, une lettre à la main.*

..art.) J'ai trouvé une excellente excuse... je lui dis que poitrine délicate... on me défend le mariage et on me recommande le lait d'ânesse. (*Haut, en voyant Lucien.*) Tiens !... ...ici !...

LUCIEN, *l'apercevant.*

...enfin ! je vous trouve ! (*Venant à lui.*) Je vous cherche ..s deux heures.

DESRUEL.

..y a-t-il ?

LUCIEN, *très-vivement.*

..événement épouvantable... que tout le monde ignore en... ..heureusement !

DESRUEL, *inquiet.*

..le, parle donc !

LUCIEN.

Buzonville a trouvé pour son fils, qui est à l'école de Sau.. un parti superbe !

DESRUEL.

..bien ! qu'est-ce que ça me fait ?

LUCIEN.

lui a écrit de venir tout de suite, tout de suite !

DESRUEL.

..! ça, qu'est-ce que tu me chantes ?

LUCIEN.

..ous ne comprenez pas que pour doter son fils, il exige son ..boursement immédiatement !

DESRUEL.

..h ! diable !... bah ! je le calmerai, je lui ferai prendre pa.. ..ce...

LUCIEN.

..est trop tard !.. il a envoyé du papier timbré...

DESRUEL.

..omment !

LUCIEN.

..e voici ! (*Il lui remet un papier timbré et remonte.*)

DESRUEL, *le prenant et lisant.*

..ommation d'avoir à payer dans les vingt-quatre heures !... ..is c'est impossible ! (*Il passe à droite.*)

LUCIEN, *le pressant.*

Continuez...

DESRUEL, *parcourant le papier.*

..Sinon, je serai dépossédé de mon étude... Vingt-quatre heu-.. ..s !

LUCIEN.

Eh bien ?.. que m'ordonnez-vous ?

DESRUEL.

Rien !.. plus tard... rentre à l'étude...

LUCIEN.

Oui, patron... oui, patron... (*Il sort par le fond.*)

SCÈNE XV.

DESRUEL seul, puis CHAMPIGNOL, puis MADELEINE, puis UN DOMESTIQUE, puis CANUCHE.

DESRUEL, *seul.*

Me déposséder ! me chasser !... un pareil scandale !... Je suis ..rdu ! déshonoré aux yeux de mes confrères ! Que faire ?... il ..'y a qu'un moyen... (*Déchirant sa lettre.*) Je renonce au lait d'ânesse ?

CHAMPIGNOL, *entrant par la deuxième porte à droite.*

Ah ! vous voilà, mon gendre !.., Ah ! ça, vous dînez avec ..ous ?...

DESRUEL, *embarrassé.*

Comment donc !...

CHAMPIGNOL, *lui frappant avec force dans la main.*

A la bonne heure !... Très-bien !...

DESRUEL, *à part.*

Ça y est ! me voilà dans les cuirs !

CHAMPIGNOL, *remontant et appelant.*

Fi-fille !...

MADELEINE, *en dehors.*

Voilà, papa !...

CHAMPIGNOL, *criant.*

Vite, un couvert de plus !... ton futur nous fait l'honneur de dîner avec nous !

MADELEINE, *en dehors.*

Oui, papa ! (*Champignol sort un moment par la première porte à droite.*)

DESRUEL, *seul.*

Fi-fille !... Le lendemain de la noce, j'envoie fi-fille en demi-pension avec sa bonne et un petit panier sous le bras. (*Champignol rentre par la première porte à droite avec Madeleine. — Ils apportent une table toute servie pour trois personnes : il y a une soupière sur cette table, qu'ils placent au milieu du théâtre.*)

CHAMPIGNOL.

Voilà la table !...

UN DOMESTIQUE, *en grande livrée, entrant par le fond.*

Une lettre pour monsieur de Champignol ! (*Il donne la lettre à Champignol et s'éloigne par le fond.*)

CHAMPIGNOL, *ouvrant la lettre.*

Une commande, sans doute... (*Ne trouvant pas ses lunettes.*) Je n'ai pas mes yeux... voyez, mon gendre... (*Il donne la lettre à Desruel.*)

CANUCHE, *entrant par la deuxième porte à gauche, avec sa malle sur l'épaule, à part.*

Son gendre ! (*Il s'arrête au fond et écoute.*)

DESRUEL, *lisant.*

« Monsieur et madame de Lussang... »

CHAMPIGNOL, *à sa fille.*

Mes pratiques du faubourg Poissonnière.

DESRUEL, *à part.*

Mes clients ! (*Lisant.*) « Prient monsieur et mademoiselle de Champignol de leur faire l'honneur de venir passer la soirée chez eux le jeudi 16 février. »

CHAMPIGNOL, *stupéfait.*

Pas possible !

MADELEINE, *avec joie.*

C'est demain !

CANUCHE, *à part.*

De Lussang !... faut que je m'en fasse inviter. (*Il gagne tout doucement la porte du fond et sort.*)

CHAMPIGNOL.

Nous vous emmènerons, mon gendre, je vous présenterai.

DESRUEL, *à part.*

Comment donc ! (*A part.*) Ça va être gentil !

CHAMPIGNOL.

Madeleine !... tu mettras tes diamants... et tu me savonneras mon gilet !... A table !... (*Il met une chaise pour sa fille et une pour lui.*)

DESRUEL, *à part.*

J'ai bien de la peine à croire que maître Desruel épouse jamais cette femme-là !

CHAMPIGNOL.

Allons, mon gendre, à table ! (*Il se met à table, au milieu, face au public, et Madeleine au bout à droite.*)

ENSEMBLE.

Air : *Amis, la table est mise.* (Roi des drôles. — J. NARGEOT.)

CHAMPIGNOL.	MADELEINE, *à part.*
Allons, mon gendre, à table !	La tristesse m'accable !
Pas de façons chez nous !	Ah ! Canuche, entre nous,
Et tâchez d'être aimable	Était plus agréable
Comme un futur époux.	En m' faisant les yeux doux.

DESRUEL, *à part.*

Allons, à cette table,
Hélas ! asseyons-nous !
Tâchons d'être agréable
Et faisons les yeux doux !

(*Pendant cet ensemble, Desruel va chercher une chaise à gauche, et se dispose, avec quelque répugnance, à se mettre à table en face de Madeleine. — Le rideau baisse.*)

Fin du deuxième acte.

Acte III.

Un salon riche. Trois portes au fond ouvrant sur un autre salon éclairé par des lustres. Ce salon est lui-même ouvert par une porte au fond sur un troisième salon. — Dans le premier salon, girandoles. — Deux banquettes, l'une à droite, l'autre à gauche. — Deux portes latérales au deuxième plan, à droite et à gauche. — Un petit guéridon avec une sonnette dans un coin à gauche près de la porte. — Fauteuils. — Les banquettes sont recouvertes de housses. — Une sonnette d'appartement se trouve au-dessus de la porte du fond, à droite. — Ce salon est disposé pour une fête. — Les girandoles ne sont pas encore allumées.

SCÈNE I.

LUCILE, MADAME DE LUSSANG ; UN DOMESTIQUE ; puis DE LUSSANG.

(Madame de Lussang entre par le fond avec Lucile, porte du milieu).

MADAME DE LUSSANG, *à un domestique qui pose une banquette à droite.*

Baptiste, vous placerez aussi des banquettes dans le petit salon... où y dansera.

(Le domestique sort par la porte du fond à gauche.)

DE LUSSANG, *en dehors.*

Que personne ne touche au buffet... je me charge du buffet. *(Il entre très-effaré par la droite. — A la cantonade.)* Et qu'on me prévienne quand on apportera le pâté de Strasbourg... *(Aux dames.)* Comment ! mesdames, pas encore coiffées ?... à quoi songez-vous donc ?

LUCILE.

Oh ! nous avons le temps.

MADAME DE LUSSANG.

Il n'est que huit heures... nous attendons le coiffeur.

DE LUSSANG.

Ce que je vous recommande, c'est d'être belles... *(Madame de Lussang remonte. — Il passe près de Lucile.)* Toi surtout, mon enfant...

LUCILE.

Moi ! pourquoi ?

DE LUSSANG.

Parce que... une demoiselle qui a 17 ans... eh ! eh ! qui sait ? au milieu d'un bal... il se trouve souvent un prétendu...

MADAME DE LUSSANG, *redescendant et à demi-voix.*

Mon ami...

DE LUSSANG.

Oui... c'est vrai... ce n'est pas le moment... nous en recauserons plus tard...

LUCILE, *à part.*

Un prétendu ! *(Haut.)* Avez-vous envoyé une invitation à M. Desruel ?

DE LUSSANG.

Mon notaire ! parbleu !

MADAME DE LUSSANG.

Je vous annonce aussi un nouvel invité...

DE LUSSANG.

Qui ça ?

MADAME DE LUSSANG.

Votre sergent major... M. de Champignol...

DE LUSSANG.

C'est une excellente idée ! je lui raconterai comme quoi m'étant fait couper les cheveux...

MADAME DE LUSSANG.

Je le recommande à toutes vos bonnes grâces.

DE LUSSANG.

Soyez tranquille ! je lui ferai goûter mes foies gras... si toutefois ils arrivent... car rien n'arrive aujourd'hui... ni les pâtés... ni les coiffeurs... c'est très grave !... et notez que les anchois me manquent aussi !...

MADAME DE LUSSANG.

Les anchois ?...

DE LUSSANG.

Oui... il se passe sur cette salaison quelque chose d'extraordinaire... Vous allez chez un marchand... vous lui demandez des anchois... savez-vous ce qu'il prend ?... un cotteret !...

LUCILE et MADAME DE LUSSANG, *riant.*

Comment ! un cotteret ?

DE LUSSANG.

C'est comme j'ai l'honneur de vous le dire.

LE DOMESTIQUE, *rentrant par le fond à gauche.*

Madame... il est arrivé.

DE LUSSANG, *vivement.*

Mon pâté ?

LE DOMESTIQUE.

Non, monsieur. — Le coiffeur de madame. *(Il remonte à droite, et reste au deuxième plan.)*

MADAME DE LUSSANG, *allant à Lucile.*

Allons, Lucile.

LUCILE.

Voilà, ma marraine. *(A part).* Un prétendu ! serait-ce M. Desruel ?

DE LUSSANG.

Pas de pâté ! c'est extrêmement grave, cela !...

MADAME DE LUSSANG.

Baptiste, vous pouvez commencer à allumer.

LE DOMESTIQUE.

Tout de suite, madame... *(Il sort par la droite.)*

Air : *Voilà du petit trompette.* (Guillery.)

Allons à notre   } toilette,
Allez à votre
En finir ;
Car bientôt notre fête
Va s'ouvrir.
Que nul retard n'entrave
Notre bal ;
Ce serait vraiment grave
Et très-mal !

(Madame de Lussang et Lucile sortent à gauche et de Lussang à droite.)

SCÈNE II.

CHAMPIGNOL, MADELEINE, puis LE DOMESTIQUE.

(Champignol entre par le fond à droite, en donnant le bras à Madeleine. — Ils sont en grande toilette.)

CHAMPIGNOL.

Par ici, fi-fille... v'là un grand salon avec des bancs... ça doit être ici la soirée.

MADELEINE.

Il n'y a personne !... Papa, est-ce que ça serait déjà fini ?

CHAMPIGNOL.

Pas possible !... nous nous sommes habillés à midi... nous avons dîné à quatre heures... nous sommes venus à cinq...

MADELEINE.

Oui, pour avoir des places sur le devant. *(Elle remonte en admirant le salon.)*

CHAMPIGNOL.

J'ai demandé : Madame de Lussang, s'il vous plaît ? — On m'a répondu : Elle est dans le bain. — Très-bien ! ne la dérangez pas... Alors, comme j'ai eu la godichonnerie de louer une remise pour toute la journée... je m'ai dit : Faut lui faire faire quelque chose à c't'animal-là... et je me suis fait promener devant ma nouvelle maison.

MADELEINE, *redescendant.*

Ça n'est pas drôle.

CHAMPIGNOL.

Fi-fille, tu ne comprends pas la bâtisse... et puis j'avais envie de monter chez mon futur gendre le notaire... qui, hier au soir, s'est éclipsé juste après le tricandeau... ça m'inquiète !

MADELEINE.

Ah ouiche !

CHAMPIGNOL.

Enfin ! tu n'as pas voulu... et à six heures nous sommes venus ici. — Madame de Lussang, s'il vous plaît ? — Elle est dans le bain. — Très-bien ! ne la dérangez pas !... Une heure de bain !... faut qu'elle *soie* malade, cette femme-là ! Alors, je me suis fait repromener devant ma maison.

MADELEINE.
c'est pour ça que j'ai mis mes diamants ! Papa, ça me
le cou !

CHAMPIGNOL.
che pas !... C'est comme moi, mes gants... ça m'embête...
je les garde !... Touche pas !

MADELEINE.
fait-y de l'effet ?

CHAMPIGNOL.
'en réponds... C'est que tu en as là,... tant sur les oreilles
ur le cou... pour 168 francs 75 ! bon poids !... En v'là-t-il
rgent qui feignante !...

MADELEINE, avec conviction.
! oui !

CHAMPIGNOL.
ite, sais-tu combien ça fait de dindons à quatre francs
ante ?

MADELEINE.
n.

CHAMPIGNOL.
i fait le compte... trente-sept et demi !... tu portes trento-
dindons et demi.. autour du cou !

MADELEINE.
v'là un de collier !

CHAMPIGNOL, regardant sa montre.
it heures trois-quarts... pas un chat... ! Qué drôle de
e !... (*Le domestique rentre par la droite avec une bougie
ée, monte sur la banquette de droite et allume une giran-
) Moi qui me couche à neuf heures... faut que j'aille à la
demain au matin.

MADELEINE, apercevant le domestique sur la banquette.
pa ?

CHAMPIGNOL.
oi ?

MADELEINE.
là un monsieur.

CHAMPIGNOL.
bit noir... cravate blanche... c'est un invité.

MADELEINE.
allume.

CHAMPIGNOL.
récisément... je vas lui donner un coup de main...
e domestique descend de la banquette, monte sur un fauteuil à
a, entre les deux portes du fond, et allume une seconde gi-
iole.)

MADELEINE.
ous, papa !

CHAMPIGNOL.
aut se rendre utile... faut pas être feignant... Justement j'ai
mon rat pour rentrer ce soir... Dans le grand monde, cha-
prend son rat pour rentrer le soir. (*Il prend un rat de cave
s sa poche.*)

MADELEINE
oi, papa, j' vas ôter les z'housses...
*Madeleine ôte la housse de la banquette de gauche et la met
son bras. — Champignol, son rat de cave à la main, s'ap-
oche du domestique pour l'allumer à la bougie de ce dernier.*)

CHAMPIGNOL, au domestique.
onsieur, voulez-vous permettre ?
(*Madeleine passe à droite et ôte la housse de la banquette
de ce côté.*)

LE DOMESTIQUE, à part.
u'est-ce que c'est que ces gens-là ? (*Il descend du fau-
il.*)

CHAMPIGNOL, allumant son rat.
à reposez-vous, monsieur... chacun son tour... je me charge
cette pièce... (*Il monte sur le fauteuil à g uche entre les deux
rtes du fond et allume la troisième girandole.*)

LE DOMESTIQUE.
Alors, je vais allumer dans le grand salon.

MADELEINE, qui a mis l'autre housse sur son bras.
Y a un autre salon plus grand ?

LE DOMESTIQUE.
Certainement.

MADELEINE.
Y a-t-il des z'housses ?

LE DOMESTIQUE.
Oui, mademoiselle, il y a des z'housses.

MADELEINE.
Bon ! j'y vas... marchez devant.

CHAMPIGNOL, allumant.
Très bien, ma fille... faut pas être faignant...

LE DOMESTIQUE, *sortant par la porte du fond-milieu. — A part.*
Mais qu'est-ce que c'est que ces gens-là ? (*Madeleine suit le
domestique. — On les voit disparaître par la gauche.*)

SCÈNE III.

CHAMPIGNOL, puis DE LUSSANG.

CHAMPIGNOL, *allumant sur le fauteuil et regardant sortir sa fille.*
Cré moutarde ! comme c'est élevé !... Je donnerais quelque
chose pour que mon gendre, le notaire, la voie ôter les z'housses dans les salons de la haute aristocratie !... (*Il descend du
fauteuil, monte sur la banquette à gauche et allume la quatrième
girandole.*)

DE LUSSANG, *entrant par la droite.*
C'est très-grave !... pas de nouvelles !... Il faut absolument
que j'envoie quelqu'un. (*Apercevant Champignol.*) Ah ! un domestique de louage !... hé ! l'ami ! (*Il remonte.*)

CHAMPIGNOL, se retournant.
Monsieur ? (*A part.*) Habit noir, cravate blanche ; c'est un invité, on arrive !

DE LUSSANG, redescendant.
Qu'est-ce que vous faites là ?

CHAMPIGNOL.
J'allume, en attendant...

DE LUSSANG.
Connaissez-vous le chemin de Strasbourg ?

CHAMPIGNOL.
Plaît-il ?

DE LUSSANG.
Le chemin de fer de Strasbourg !...

CHAMPIGNOL.
Ah ! très-bien !... j'y ai des pratiques.

DE LUSSANG.
Eh bien !... faites-moi le plaisir de courir tout de suite à la
gare.

CHAMPIGNOL.
De Strasbourg ?...

DE LUSSANG.
Oui ; vous réclamerez un pâté que j'attends... le pâté de monsieur de Lussang...

CHAMPIGNOL, descendant la banquette.
Monsieur de Lussang !... Ah ! c'est vous le bourgeois ?... (*Il
souffle, sans intention, son rat de cave dans la figure de Lussang
qui recule ; puis, le saluant.*) Monsieur... votre soirée est très...
choisie... ça doit vous coûter gros.

DE LUSSANG.
Oui ; dépêchez-vous... je suis dans un bien grand embarras.

CHAMPIGNOL, à part.
Ah ! pauvre cher homme !

DE LUSSANG.
Je compte sur votre zèle, votre intelligence... soyez tranquille... je ne vous oublierai pas.

VOIX DANS LA COULISSE, à droite.
Monsieur !

DE LUSSANG.
Quoi ?

LA VOIX.
C'est le glacier !

DE LUSSANG.
J'y vais. (*A Champignol.*) Allez, mon ami... je suis heureux
de vous avoir rencontré. (*Il sort par la droite.*)

CHAMPIGNOL, *l'accompagnant jusqu'à la porte.*
C'est moi, monsieur, qui suis flatté... (*Seul, redescendant la
scène.*) Il est très-poli, ce vieux-là !

SCÈNE IV.

MADELEINE, CHAMPIGNOL.

MADELEINE, *rentrant par le fond à gauche.*
Ah! papa... c'est superbe par là, des fleurs, des tapis

CHAMPIGNOL.
Je viens de voir le bourgeois, il a eu la bonté de m'honorer d'une mission de confiance... très-loin... tu vas venir avec moi.

MADELEINE.
Comment! nous sortons!

CHAMPIGNOL.
Écoute donc! il ne peut pas tout faire, ce brave homme!... il fournit les écus... c'est bien le moins qu'on l'aide!... Allons, en route!

ENSEMBLE.

Air de la filleule à Nicot. (J. Nargeot.)

Au chemin de Strasbourg
Allons, sans qu'on nous le r'dise;
Grâce à notre remise,
Nous s'rons bientôt de retour.

(*Champignol et Madeleine sortent par la porte du fond, à droite, en se donnant le bras.*)

SCÈNE V.

MADAME DE LUSSANG, puis UN DEUXIÈME DOMESTIQUE, puis MONSIEUR ET MADEMOISELLE PONT-BICHET, INVITÉS DES DEUX SEXES, puis CANUCHE, puis DE LUSSANG.

MADAME DE LUSSANG, *entrant par la porte, à gauche, et parlant à la cantonnade.*
Va m'attendre au salon, mon enfant, je te rejoins... (*Venant en scène et regardant autour d'elle.*) Voyons si tout est en ordre...

LE DEUXIÈME DOMESTIQUE, *paraissant à la porte du fond, à droite, et annonçant.*
Monsieur et mademoiselle de Pont-bichet.

(*Il se retire après l'entrée. — Pont-Bichet et sa fille en'rent par le fond, à droite. — Les autres invités entrent par le fond, au milieu, venant de la droite. — Mademoiselle Pont-Bichet va rejoindre d'autres dames. — Madame de Lussang repoît et salue sur le chœur suivant.*)

CHŒUR.

Air de danse du Prophète.

Ah! voyez donc, c'est charmant,
Et la surprise est complète!
Tout a pris un air de fête
Dans ce riche appartement.

LE DOMESTIQUE, *reparaissant au fond, à droite, et annonçant.*
Monsieur de Sainte-Canuche! (*Il disparaît après l'entrée.*)

Canuche entre par le fond, à droite, pantalon de Nankin, redingote claire, gants verts. — Madame de Lussang fait un pas vers lui et s'arrête étonnée.)

CANUCHE, *à part.*
Enfin! j'y suis!.. ô amour!

MADAME DE LUSSANG, *bas aux invités.*
Quel est ce monsieur? (*Elle passe au milieu.*)

CANUCHE, *voyant tous les regards fixés sur lui.*
(*A part.*) Nom d'un chien! des comtesses! (*Il se met derrière un fauteuil, dans un coin à droite, près de la porte du fond. — Il est très intimidé et salue gauchement la société de loin.*)

DE LUSSANG, *entrant par le fond-milieu.*
Attendez-moi... je reviens! (*Saluant.*) Mesdames... messieurs...

MADAME DE LUSSANG, *bas à son mari lui indiquant Canuche.*
Mon ami, connaissez-vous ce monsieur?

DE LUSSANG.
Quel monsieur? (*L'examinant de loin.*) Attendez donc!... j'ai une idée vague de l'avoir aperçu dans une circonstance critique de mon existence. (*Allant à Canuche et le saluant.*) Monsieur...

CANUCHE, *s'approchant timidement et saluant.*
Monsieur... (*A part.*) Pristi! le vieux aux anchois!

DE LUSSANG.
Il me semble vous reconnaître...

CANUCHE, *très troublé et portant son mouchoir à sa joue.*
Ayez!... le dentiste, s'il vous plaît?

DE LUSSANG.
C'est plus haut...! Je disais aussi... monsieur n'est pas en tenue de bal...

CANUCHE.
Comment?... je ne suis pas en tenue...

DE LUSSANG.
Habit noir, pantalon noir.

CANUCHE.
Ah! très-bien!... merci, monsieur.

DE LUSSANG, *lui indiquant la porte de droite.*
Tenez, par ici... la petite porte... le dentiste est au second.

CANUCHE, *à part.*
Habit noir, pantalon noir... (*Haut.*) Merci, monsieur. (*Il sort par la droite.*)

DE LUSSANG, *aux invités.*
C'est un monsieur qui se trompait.

REPRISE DU CHŒUR.

Ah! voyez donc, c'est charmant! etc.

(*Madame de Lussang, Pont-Bichet et les invités sortent par la porte du fond-milieu et celle du fond à gauche, et disparaissent par la gauche.*)

DE LUSSANG.
Ah! voyons si mon pâté... (*Il sort par la droite.*)

SCÈNE VI.

BUZONVILLE, THÉODULE *en uniforme d'élève de Saumur,* puis MADAME DE LUSSANG.

LE DEUXIÈME DOMESTIQUE, *annonçant par le fond, à droite.*
Messieurs de Buzonville. (*Il disparaît après l'entrée.*)

BUZONVILLE, *entrant le premier par le fond, à droite, à la cantonnade.*
Mais viens donc! qu'est-ce qu'il fait?... (*Théodule entre les mains dans ses poches et en sautant.*) Ah ça! de la tenue, de la distinction, et ôte donc les mains de tes poches... tu n'es pas dans ta caserne de cavalerie!

THÉODULE.
Soyez tranquille, papa, on aura du chic!

BUZONVILLE.
Du chic! Il vous a des expressions!.. Pristi! mais tu sens le cigare!

THÉODULE.
Oui, j'en ai grillé un en m'habillant!
(*Il remet les mains dans ses poches.*)

BUZONVILLE.
Il en a grillé un!... (*Avec colère.*) Mais ôte donc les mains de tes poches!

MADAME DE LUSSANG, *rentrant par le fond à gauche.*
Ah! Monsieur Buzonville! (*Elle salue.*)

BUZONVILLE, *saluant.*
Madame... permettez-moi de vous présenter mon fils Théodule.

MADAME DE LUSSANG.
Soyez le bien venu, monsieur. (*A part.*) Il n'est pas mal.

BUZONVILLE, *en confidence.*
Il arrive de Saumur tout exprès pour... pour ce que vous savez.

MADAME DE LUSSANG, *finement.*
C'est un empressement dont on vous tiendra compte... j'en suis sûre.

BUZONVILLE, *bas à madame de Lussang.*
Il ne comprend pas... il ne sait encore rien.

MADAME DE LUSSANG, *à Théodule.*
Vous êtes danseur?

BUZONVILLE.
Excellent danseur!

THÉODULE, *passant près de madame de Lussang.*
Oh! excellent! je tricote! voilà tout!

BUZONVILLE, *à part.*
Tricote!

MADAME DE LUSSANG, *riant.*
Ah! vous... M. votre père nous avait vanté....

THÉODULE.
vous savez, les pères !... ça fait toujours un peu de
se !
BUZONVILLE, à part et au supplice.
...isse !
MADAME DE LUSSANG.
...iment? (A part.) Il a une façon de s'exprimer... (Haut.)
...u... je vais organiser les quadrilles... nous nous rever-
.. (Saluant Théodule et Buzonville.) Messieurs !... (Elle re-
...e à gauche).
THÉODULE, saluant les mains dans ses poches.
...dame...
BUZONVILLE, bas, lui faisant signe.
...n !... tes mains... tes mains !
THÉODULE.
! oui ! (Il ôte les mains de ses poches et salue.) Madame...
...ame de Lussang sort par le fond, à gauche.)
...compter de ce moment, on voit quelques invités se promener
de temps en temps dans le salon du fond.)

SCÈNE VII.

THÉODULE, BUZONVILLE, puis DESRUEL.

BUZONVILLE, à part.
...est une éducation à faire !
THÉODULE.
h bien ! êtes vous content ?
BUZONVILLE.
...ui, joliment !... tricote ! mousse !... Tiens ! voilà encore que
...remets les mains dans tes poches... (A lui-même.) Je serai
...gé de le lui faire attacher !
THÉODULE.
...oyons... ne vous fâchez pas !
BUZONVILLE.
...héodule... sais-tu pourquoi je t'ai écrit de venir à Paris in-
...ntinent.
THÉODULE.
Dardard !
BUZONVILLE.
Dardard ! Je t'ai écrit incontinent ! Je vous prie de ne pas me
...ter vos néologismes !
THÉODULE.
C'est bien !... je ne parlerai plus !...
BUZONVILLE.
Encore tes mains !
THÉODULE, à part, ôtant les mains de ses poches.
Il est agaçant !
BUZONVILLE.
Je t'ai donc fait venir à Paris pour te marier !
THÉODULE.
Oh ! sapristi ! encore !
BUZONVILLE.
Comment ! encore ?
THÉODULE.
C'est vrai... voilà deux ans de suite que vous me faites voya-
...er pour me présenter des futures... et ça rate toujours !
BUZONVILLE.
On ne dit pas rate, on dit manque... mais cette fois, si tu
...eux m'écouter, suivre mes conseils, j'ai tout lieu de croire que
...a ne ratera pas.
THÉODULE, riant.
Oh !
BUZONVILLE, se reprenant vivement.
Que ça ne manquera pas ! (A part.) Je lui prends ses mots à
...résent !
THÉODULE.
Ah ça ! vous tenez donc beaucoup à me marier ?
BUZONVILLE.
Si j'y tiens !
THÉODULE.
Bon ! allez ! c'est votre tocade !
BUZONVILLE.
Tocade !...
THÉODULE.
Pourvu que la petite soit...
BUZONVILLE.
C'est une créature céleste !

THÉODULE.
Jolie ?
BUZONVILLE.
Elle sort de pension...
THÉODULE.
Ce n'est pas une raison !
BUZONVILLE.
Et une fortune... imprévue... c'est toute une histoire... Figure-
toi...
THÉODULE.
Pardon... est-elle un peu... étoffée ?
BUZONVILLE.
Comment ?...
THÉODULE.
Moi, d'abord, je n'aime pas les femmes maigres, ce n'est pas
mon genre !
BUZONVILLE, en colère.
Parbleu ! il faudra te les faire peser !
THÉODULE.
Dame !
BUZONVILLE, avec indignation.
Soudard !
DESRUEL, en dehors.
M. Pont Bichet est arrivé... très bien, merci... (Il entre par
la porte du fond, à droite, qui se ferme derrière lui.)
THÉODULE, allant à Desruel.
Eh ! c'est Desruel ! Bonjour, Desruel !
DESRUEL, lui donnant la main.
Théodule ! à Paris ! (Apercevant Buzonville.) Oh ! (Saluant
froidement.) Monsieur...
THÉODULE, à part, les regardant.
Qu'est-ce qu'ils ont donc ? (Haut, à Desruel.) Figurez-vous,
mon cher, que papa est en train de m'enrégimenter dans l'es-
cadron jonquille des maris.
DESRUEL, à Buzonville et d'un ton de raillerie.
Ah ! mon compliment, monsieur...
BUZONVILLE, sèchement.
Merci, monsieur !
THÉODULE, à Buzonville.
Dites donc... il fera mon contrat !
BUZONVILLE, avec une intention très-marquée.
Non... j'ai fait choix d'un autre notaire... qui a toute ma
confiance.
DESRUEL, saluant.
Trop aimable, monsieur !...
THÉODULE.
Ah ça ! décidément, vous avez quelque chose.
DESRUEL.
Oh ! presque rien ! nous nous envoyons du papier timbré.
THÉODULE, à son père.
Comment ?
BUZONVILLE, l'éloignant de la main et le faisant passer
à sa droite.
Je défends mes droits... je défends mes droits. (Il remonte.)
DESRUEL, avec une politesse ironique.
Pardon, monsieur Buzonville, j'en ai encore une feuille qui
traîne sur mon bureau... ça coûte sept sous ! trop heureux de
pouvoir vous les épargner !
BUZONVILLE, redescendant et avec colère.
Monsieur !
THÉODULE, bas à son père.
Papa, je crois qu'il vous blague.
BUZONVILLE, avec colère.
On ne dit pas blague, on dit raille !... Allons, passez devant...
je vais vous présenter à votre prétendue. (A Desruel.) Je ne
vous salue pas, monsieur !
DESRUEL, avec la plus grande courtoisie.
Ni moi, monsieur !
BUZONVILLE, à son fils.
Mais, ôte donc les mains de tes poches ! (Buzonville et Théo-
dule sortent par la porte du fond à gauche, qui se referme. — Les
promenades cessent au fond.)

SCÈNE VIII.

DESRUEL, seul.

Je me moque bien de lui ! j'ai une femme maintenant... Je vous prie de croire que ce n'est pas la petite Champignol... Von !... non ! j'ai dîné avec cette famille, ça me suffit... et quel dîner ! tout à l'oseille !... Le papa m'a avoué qu'il avait une vieille provision de cette légume qui commençait à rancir... bien obligé !... tout ça ne m'allait pas beaucoup... et, ma foi, j'ai clandestinement gagné la porte... Un éclair venait de m'illuminer... j'avais pensé à Pont-Bichet qui le matin même m'avait offert sa fille... je cours chez lui, je fais ma demande, on m'accepte et... c'est noué ! J'ai immédiatement écrit à Champignol de ne plus compter sur moi !... que je me remettais au lait d'ânesse... Pauvre Lucile !.. elle ne saura jamais combien je l'ai aimée ! (*Changeant de ton.*) Mais bah ! oublions cela ! ce n'est plus un cœur qui palpite là... c'est une étude à payer... O Lucile ! Lucile !

SCÈNE IX.

DESRUEL, LUCILE, puis PONT-BICHET, puis DE LUSSANG.

LUCILE, *qui passait au fond, venant de la gauche.*
Mon nom ! (*Elle entre par la porte du fond au milieu.*)

DESRUEL.
Vous, mademoiselle...

LUCILE.
Oh ! pardon... je vous dérange ? (*Fausse sortie.*)

DESRUEL.
Non... restez ! restez mademoiselle ! je suis si heureux quand je vous vois ! (*Il remonte un peu.*)

LUCILE, *à part.*
Comme il me regarde !... mon tuteur vient encore de me parler d'un prétendu... bien sûr, c'est lui !

DESRUEL, *redescendant.*
Mademoiselle... vous allez sans doute me trouver bien indiscret, bien fou... mais j'aurais une grâce à vous demander...

LUCILE.
Quoi donc !

DESRUEL.
Une fleur... de ce bouquet.

LUCILE.
Monsieur !

DESRUEL.
Ne me refusez pas ! je la garderai toujours... et quoiqu'il arrive, elle ne me quittera jamais... je vous le jure !

LUCILE, *à part.*
Oh ! bien sûr ! c'est lui ! (*Elle détache une fleur du bouquet qu'elle porte.*)

DESRUEL, *avec transport.*
Que vous êtes bonne ! (*Au moment où Lucile va lui donner la fleur, Pont-Bichet paraît à la porte du fond-milieu.*)

PONT-BICHET, *au fond, à Desruel.*
Eh bien ! qu'est-ce que vous faites-là, mon gendre ?.. (*Il descend en scène.*)

LUCILE, *très surprise.*
Son gendre ! Ah !...

DESRUEL, *à part, s'éloignant de Lucile.*
L'animal !...

LUCILE, *très-émue.*
Monsieur... va se marier.

PONT-BICHET.
Avec Arthémise.

DESRUEL, *bas à Pont-Bichet, en passant au milieu.*
Mais taisez-vous donc !

PONT-BICHET.
Avec Arthémise ! il lui a envoyé un bouquet charmant !

LUCILE, *brisant avec dépit la fleur qu'elle destinait à Desruel.*
C'est très-bien ! très-bien !... et je vous fais mon compliment sincère, bien sincère !

DESRUEL, *d'un ton suppliant.*
Ah ! mademoiselle !

LUCILE.
Adieu, monsieur, (*Prête à pleurer.*) je vais danser. (*Elle sort par le fond à droite. — La porte reste ouverte.*)

DESRUEL, *à part.*
Pauvre enfant !... elle a pleuré ! et c'est cet animal !...

PONT-BICHET, *à Desruel.*
Ah ça ! mon cher, vous négligez ma fille...

DESRUEL, *brutalement.*
Qu'est-ce que ça vous fait ?... puisque je l'épouse. (*A part.*) Oh ! je n'y tiens plus ! je vais la rejoindre ! (*Il sort vivement par le fond à droite.*)

PONT-BICHET, *seul.*
Charmant garçon !... un peu brusque !... je vais le rejoindre ! (*Il remonte vers la droite et se rencontre avec de Lussang qui entre par la porte de côté, à droite.*)

DE LUSSANG, *à Pont-Bichet.*
Comprenez-vous, mon pâté qui n'arrive pas !

PONT-BICHET.
Charm___e soirée ! charmante soirée !

(*Il sort par le fond, à droite. — La porte se ferme.*)

SCÈNE X.

DE LUSSANG, puis CANUCHE ET MADAME ET MADEMOISELLE DE VERTMOELLON.

DE LUSSANG, *seul.*
Ce domestique de louage qui ne revient pas, c'est très-grave ! (*Il s'assied sur la banquette de gauche. — Canuche entre par le fond-milieu, en donnant le bras à madame et mademoiselle de Vertmoëllon. Il est en habit noir, pantalon noir, cravate blanche ; il porte les bouquets et les éventails de ces dames.*)

CANUCHE, *faisant le gracieux.*
Oui, chère dame !.. oui, chère dame !

MADAME DE VERTMOELLON, *à Canuche.*
Mille remerciements, monsieur, de votre gracieuse obligeance !

CANUCHE.
Gracieuse vous-même, madame !..

DE LUSSANG, *se levant et venant aux dames.*
Ah !... madame de Vertmoëllon !.. mademoiselle !.. (*Les dames saluent.*)

CANUCHE, *à part.*
Encore le vieux aux anchois !

DE LUSSANG, *à part.*
J'ai une idée vague d'avoir aperçu ce monsieur dans une circonstance critique de mon existence... (*Haut, à madame de Vertmoëllon.*) Monsieur est votre cavalier ?

MADAME DE VERTMOELLON.
Très-aimable et très-complaisant, comme vous voyez. (*Elle débarrasse Canuche des objets qu'il porte ; sa fille en fait autant Canuche passe à droite.*)

DE LUSSANG, *offrant la main à madame de Vertmoëllon.*
Me ferez-vous l'honneur, belle dame... Buzonville vous cherche partout...

MADAME DE VERTMOELLON.
Allons !.. (*Elle remonte à gauche, avec de Lussang, puis s'arrête et dit à Canuche :*) Ah !.. serez-vous assez bon, monsieur pour donner la main à ma fille !

(*Madame de Vertmoëllon et de Lussang sortent par la porte du fond, à gauche, qui reste ouverte.*)

MADEMOISELLE DE VERTMOELLON, *se disposant à prendre le bras de Canuche.*
Eh ! bien, monsieur ?..

CANUCHE.
Ma main ?.. mademoiselle, je le voudrais, mais ça ne se *puit* je suis mordu pour Madeleine... (*Il s'éloigne d'elle.*)

MADEMOISELLE DE VERTMOELLON, *à part.*
Eh bien ! il est poli ce monsieur !
(*Elle sort par la porte du fond, à gauche, qui reste ouverte.*)

CANUCHE, *seul.*
Ma main ?.. je ne les connais pas, moi, ces femmes-là... je ai trouvées sur le carré... j'osais pas rentrer à cause du vieux alors je vois arriver deux machines avec des plumes, d__ et des éventails... je ne fais ni une ni deusse !.. je me mets au milieu... et j'entre avec... comme un âne dans son brancard ! Voi__ (*Lustrant son habit avec sa main.*) J'ose dire que voilà un ha__ noir et un pantalon ibidem ! J'ai loué tout ça trente-deux s__ l'heure... Mais je n'ai pas encore vu Madeleine ; je vas don__ un coup de pied dans les salons.

(*Il remonte et disparaît par le fond, au milieu, à l'entrée de Desruel.*)

SCÈNE XI.

DESRUEL, puis PONT-BICHET, puis MADAME DE LUSSANG, puis BUZONVILLE, puis CHAMPIGNOL et MADELEINE.

DESRUEL, *entrant vivement par la porte du fond à gauche.*

Impossible de rejoindre Lucile! le Pont-Bichet s'est accroché moi... Oh! je sens que je le prends en grippe, lui et sa fille... à quenouille... en robe rose!

PONT-BICHET, *accourant par la porte du fond à gauche et s'arrêtant sur le seuil.*

Où diable courez-vous, mon gendre? (*Il descend en scène.*)

DESRUEL, *à part.*

Ah! le voilà! deuxième tire-bouchon!...

PONT-BICHET.

Je passe ma soirée à vous poursuivre... Arthémise n'est pas contente...

DESRUEL, *brutalement.*

Puisque je l'épouse! (*Il passe à gauche.*)

PONT-BICHET.

Invitez-la pour la première....

DERUEL.

Oui!...

PONT-BICHET.

Je vais la prévenir de ne pas s'engager. (*Il sort par le fond à droite.*)

DESRUEL.

Oui!... Il m'embête!...

MADAME DE LUSSANG, *qui est entrée par la gauche et mystérieusement.*

M. Desruel!

DESRUEL, *se retournant.*

Madame?

MADAME DE LUSSANG.

Je sais que vous voulez vous marier...

DESRUEL.

Permettez...

MADAME DE LUSSANG.

Je vous ai trouvé une jeune personne charmante... (*Elle va au fond à droite.*)

DESRUEL.

Mais, madame...

MADAME DE LUSSANG, *désignant une personne par le fond à droite.*

Tenez... la seconde à gauche... près de la glace.

DESRUEL, *résigné.*

Oui!...

MADAME DE LUSSANG.

Chut! invitez pour la première. (*Elle sort par le fond à droite.*)

DESRUEL.

Oui... (*A part.*) Ça fait deux!

BUZONVILLE, *paraissant à la porte du fond à gauche, s'approchant de Desruel et lui frappant sur l'épaule.*

Je viens de vous trouver une femme!

DESRUEL, *à part.*

Encore!

BUZONVILLE.

Je suis trop bon... j'ai adressé une demande en votre nom à madame de Vermoëllon...

DESRUEL.

Comment, Monsieur... mais je ne vous ai pas prié...

BUZONVILLE.

C'est une belle-mère à surface... la fille est convenable... invitez pour la première.

DESRUEL, *à part.*

Ah! très-bien ça! se développe!

BUZONVILLE.

Je vais retrouver mon fils qui se roule dans une foule d'inconvenances!... Il se tient près de la porte et il saute sur tous les verres de punch... je lui en ai déjà arraché cinq... que j'ai été obligé de boire... pour ménager sa tête... Tout-à-l'heure n'a-t-il pas été dire dans un groupe de dames, qu'il avait le trac! Le trac! (*Remontant.*) Ce garçon-là me fera blanchir les cheveux! (*Il disparaît par la porte du fond à gauche et dit en dehors:*) Mais ôte donc les mains de tes poches, sacrebleu!...

CHAMPIGNOL, *entrant par le fond à droite, avec Madeleine sous son bras et un pâté sous l'autre.*

Voilà le pâté! (*Apercevant Desruel.*) Tiens! bonjour mon gendre!

DESRUEL, *à part.*

Pristi! le beau père à l'oseille!

CHAMPIGNOL.

Vous nous attendiez?... Voici fi-fille... avec ses diamants.

MADELEINE.

Trente-sept dindons!

CHAMPIGNOL.

Et demi!

DESRUEL.

Vous n'avez donc pas reçu ma lettre?

CHAMPIGNOL.

Non... qué lettre?

DESRUEL, *à part.*

J'aime autant cela... (*Haut.*) Vous la trouverez en rentrant.

CHAMPIGNOL, *montrant sa fille, bas à Desruel.*

Dites donc!... chauffez!...' invitez pour la première! (*Il remonte à droite.*)

DESRUEL, *riant presque malgré lui.*

Parbleu! tout de suite! (*A part.*) Quatre femmes!... quatre premières!...

CHAMPIGNOL.

Où est le bourgeois au pâté?... (*Il regarde du fond à droite.*) (*On entend l'orchestre qui exécute une polka.*)

DESRUEL.

L'orchestre!.. Laquelle choisir? (*Regardant Madeleine.*) Quant à fi-fille... je la biffe! reste trois!.. entrons dans le bal... la musique m'inspirera! (*Il entre vivement dans le bal par le fond à gauche.*)

SCÈNE XII.

MADELEINE, CHAMPIGNOL; puis TROIS DAMES, puis DEUX DANSEURS, puis THÉODULE, puis CANUCHE et MADAME DE VERTMOELLON, puis DE LUSSANG.

MADELEINE.

Papa! papa!

CHAMPIGNOL, *se retournant.*

Eh bien? (*Il va à elle.*)

MADELEINE.

Il s'est ensauvé!

CHAMPIGNOL.

Mais non, il va revenir!

MADELEINE, *regardant au fond à gauche.*

Joliment! tenez... regardez... il en invite une autre... (*Deux dames paraissent au fond, venant du troisième salon.*)

CHAMPIGNOL, *regardant.*

C'est ma foi vrai!... c'est probablement une cliente... laissons-lui faire son commerce à ce notaire!

(*Il redescend avec sa fille. — Les deux dames entrent dans le salon et sont rejointes par une troisième dame qui vient du fond à droite.*)

MADELEINE.

Ah! c'est pas que j'y tienne, au moins!...

CHAMPIGNOL.

Sois tranquille!... tu ne manqueras pas de danseurs...

(*Pendant ce commencement de scène, les trois dames sont descendues en causant et sont venues s'asseoir sur la banquette de droite. — Un invité entre par le fond milieu, venant de la droite.*)

MADELEINE, *vivement.*

Papa, en v'là un!...

CHAMPIGNOL, *s'asseyant avec sa fille sur la banquette de gauche, et posant son pâté sur le petit guéridon.*

Il vient t'inviter, baisse les yeux!

(*Le danseur, qui a paru hésiter un moment, se décide à inviter une des trois dames qui sont sur la banquette de droite et sort avec elle par le fond à gauche. — Un autre invité arrive par le fond à droite.*)

CHAMPIGNOL.
Il s'est trompé... il a la vue bien basse... En voici un autre... baisse les yeux !
(Le danseur, après un moment d'hésitation, invite la douxième dame et sort avec elle par le fond à gauche.)

CHAMPIGNOL.
Pristi ! c'est la place qui est mauvaise ! si nous passions de l'autre côté... (Ils se lèvent et vont s'asseoir sur la banquette à droite. — A la dame qui est restée assise.) Pardon, ma petite mère... y a place pour trois...
(La dame étonnée se recule d'abord et finit par se lever. Elle remonte et rencontre au fond d'autres dames qui traversaient le second salon ; elle cause un instant avec elles, puis, après l'entrée de Théodule, redescend en scène et va s'asseoir sur la banquette de gauche.)

MADELEINE, assise à côté de son père du côté le plus près du public.)
Papa ! vous verrez qu'on ne m'invitera pas !

CHAMPIGNOL.
Sois donc tranquille... une jolie fille comme toi !... avec des diamants !... fais les voir ! fais les voir !

THÉODULE, en dehors, au fond à gauche.
Papa, finissez donc !...

BUZONVILLE, de même.
Laisse faire !... c'est pour ton bien !...

THÉODULE, entrant par le fond à gauche, et descendant la scène.
Pour mon bien !... Il me boit tous mes verres de punch !... il va se pocharder !...

CHAMPIGNOL, bas à sa fille.
Voici le bon !... un militaire !... baisse les... non, lève les yeux...

THÉODULE, mettant les mains dans ses poches, sans voir Champignol et Madeleine.
Voilà ce que j'appelle un bal pas drôle... un bal mouche !... Et ma prétendue ! elle fait la moue ! (Ici, Champignol tousse pour attirer son attention, puis il se lève.)

CHAMPIGNOL.
Psitt ! psitt !...
(Théodule se retourne et regarde Champignol ; celui-ci le salue ; Théodule lui rend son salut, puis Champignol lui montre Madeleine ; Théodule qui ne remarque pas ce mouvement, pirouette sur ses talons, se retourne et aperçoit la dame assise sur la banquette de gauche.)

THÉODULE, à lui-même.
Tiens ! une dame qui pose !... Elle est étoffée !... (Haut et s'approchant de la dame.) Madame, voulez-vous me faire l'honneur ?... (La dame accepte et se lève. — Ils sortent par le fond à gauche. — Champignol reste interdit, ainsi que Madeleine.)
Chou-blanc !

MADELEINE, toujours assise.

CHAMPIGNOL, debout.
Mâtin ! mâtin ! mâtin !

MADELEINE.
Eh bien ! papa ?

CHAMPIGNOL, résolument et invitant sa fille.
Mademoiselle de Champignol, voulez-vous me faire l'honneur ?...

MADELEINE, se levant.
Ah bon ! avec vous, ça n'est pas drôle !

CANUCHE entre en polkant avec madame de Vertmoëllon. — Ils entrent par la porte du fond, au milieu, venant du 3e salon.
Je me suis rattelé à mon brancart ! (Apercevant Madeleine.) Dieu ! elle ! (Il s'arrête court.)

MADAME DE VERTMOELLON, voulant continuer.
Eh bien ! monsieur !... allez donc !...

CANUCHE.
Pardon !... je dételle ! (Il la quitte et la fait asseoir sur la banquette de gauche.)
Comment !

MADAME DE VERTMOELLON, assise.

MADELEINE.
Ah ! papa !... Canuche !

CHAMPIGNOL.
En habit noir, cravate blanche !...

MADELEINE, joyeuse.
Papa, c'est un danseur !

CHAMPIGNOL.
C'est vrai ! Galopin... (Il lui donne un coup de pied.)

CANUCHE, passant près de Madeleine, et avec résignation.
Allez... vous êtes sou père !...

CHAMPIGNOL.
Je t'ordonne d'inviter ma fille !

CANUCHE.
Avec plaisir.

CHAMPIGNOL.
Mais je te défends de lui parler !

CANUCHE, polkant et emmenant Madeleine.
Je l'ai loué à l'heure... 32 sous... (Il disparait avec elle par le fond à gauche, en sortant par la porte du milieu.)

CHAMPIGNOL, criant.
Je te défends de lui parler, entends-tu ?...

MADAME DE VERMOELLON, se levant.
Le manant !

CHAMPIGNOL, galamment à madame de Vertmoëllon.
Madame... puisqu'il vous a plantée là... si j'étais susceptible de prendre sa suite ?...
(Deux dames paraissent au fond à gauche, où elles s'arrêtent à causer.)

MADAME DE VERTMOELLON, sèchement.
Merci, monsieur ! je ne danse pas avec tout le monde ! (Elle rejoint les deux dames et cause avec elles.)

DE LUSSANG, entrant par la droite à lui-même.
Ce domestique de louage ne revient pas... (Voyant Champignol qui allait suivre madame de Vertmoëllon, le prenant par le bras et le ramenant en scène.) Eh bien ! qu'est-ce que vous faites donc là ? (La musique a cessé à l'entrée de Lussang.)

CHAMPIGNOL.
Vous voyez, je...

DE LUSSANG.
Vous êtes trop familier... on ne broute pas comme ça dans la main des gens ! où est mon pâté ?

CHAMPIGNOL, le prenant sur le guéridon.
Le voici ! (Il le lui donne.)

DE LUSSANG.
Enfin ! Ah ! à propos, savez-vous ouvrir les huîtres ?

CHAMPIGNOL.
Pardi ! c'est mon état !

DE LUSSANG.
Eh bien ! venez par là... Je suis enchanté de vous avoir rencontré... (Il va vers la droite.)

CHAMPIGNOL, le suivant.
Vous êtes bon honnête ! (A part.) Voilà un vieux qu'est poli !

DE LUSSANG, lui montrant la porte à droite.
Passez donc ! passez donc !...

CHAMPIGNOL, faisant des façons.
Non... après vous ! (A part.) Ah ! voilà un vieux qu'est poli.
(De Lussang, impatienté, sort le premier, Champignol le suit.)

SCÈNE XIII.

MADAME DE VERTMOELLON, PONT-BICHET, puis DESRUEL.

PONT-BICHET, venant par le fond, milieu du 3e salon.
Je suis indigné ! je suis outré ! c'est le comble !

MADAME DE VERTMOELLON, quittant les deux dames qui s'éloignent à gauche et rentrant dans le salon. La porte du fond, à gauche, se ferme.
M. de Pont-Bichet ! qu'avez-vous donc ?

PONT-BICHET.
Comprenez-vous monsieur Desruel... ce petit notaire... qui laisse ma fille sur sa banquette !

MADAME DE VERTMOELLON.
Excusez-le... il avait invité la mienne...

PONT-BICHET.
Mais pas du tout ! il danse avec je ne sais qui !

MADAME DE VERTMOELLON
Ah ! par exemple ! c'est trop fort !

PONT-BICHET.
Lui ! que je me plaisais déjà à nommer mon gendre !

MADAME DE VERTMOELLON, *très étonnée.*
mment ! votre gendre !... le mien !
PONT-BICHET.
mien !
MADAME DE VERTMOELLON.
mien !
PONT-BICHET.
h ! bah ! deux prétendues !
MADAME DE VERTMOELLON.
faut qu'il s'explique !
PONT-BICHET.
arrément !
DESRUEL, *en dehors.*
elle remerciements, mademoiselle. *(Il parait au fond au eu.)*
PONT-BICHET ET MADAME DE VERTMOELLON.
h ! le voici. *(Allant le chercher.)* A nous trois, monsieur !...
RUEL, *à part, descendant entre Pont-Bichet et madame de Vertmoëllon.*
a société des Pont-Bichet réunis ! je suis pincé !
MADAME DE VERTMOELLON.
oyons, monsieur, expliquez-vous !...
PONT-BICHET.
ui... de qui êtes-vous le gendre ?...
DESRUEL, *souriant.*
ais... de personne... puisque je suis garçon !
MADAME DE VERTMOELLON.
Ne plaisantons pas, monsieur !... m'avez-vous fait demander ain de ma fille ?
DESRUEL.
Permettez...
PONT-BICHET.
Ainsi qu'à moi, monsieur !
MADAME DE VERMOELLON, *furieuse.*
Deux femmes ! comme les Turcs !... Vous n'êtes qu'un sau-
ir !
DESRUEL.
Madame !
MADAME DE VERMOELLON.
Et je vous refuse !
PONT-BICHET.
Moi aussi... carrément !
DESRUEL, *impatienté.*
Allez au diable, carrément !

Air : *Ah ! c'est une infamie !* (5e acte de *Boccace.*)
MADAME VERMOELLON et PONT-BICHET.
C'est affreux, sur mon âme !
Cette conduite infâme
Est celle d'un bigame,
D'un Turc, d'un mécréant !
Entre nous, cette offense
Brise toute alliance...
Je tirerai vengeance
D'un affront si sanglant !
DESRUEL, *à part.*
Le courroux les enflamme !
Je conçois, sur mon âme,
Ce qu'un gendre bigame
A de peu séduisant !
Rompez !... j'en ris d'avance :
Cet éclat me dispense
D'une double alliance
Qui faisait mon tourment.

Pont-Bichet et madame de Vertmoëllon sortent avec colère par le fond au milieu.

SCÈNE XIV.

DESRUEL, puis MADAME DE LUSSANG.

DESRUEL, *seul.*

Tiens ! je n'ai plus qu'une femme !... je choisis celle-là !... tout-à-l'heure, j'en avais quatre !... Allons, ma position s'éclaircit... la protégée de madame de Lussang est présentable... d'abord, elle se coiffe comme Lucile... c'est ce qu'elle a de mieux dans la figure... c'est fini, me voilà marié. *(Il s'assied sur la banquette de gauche.)*

MADAME DE LUSSANG, *entrant par le fond à droite.*
Ah ! monsieur Desruel... je vous cherchais...
DESRUEL, *se levant.*
Moi aussi, madame...
MADAME DE LUSSANG.
Eh bien ! comment la trouvez-vous ?
DESRUEL.
Délicieuse... sa coiffure surtout !... un air de candeur...
MADAME DE LUSSANG.
Et instruite !
DESRUEL, *s'oubliant.*
Oui, pas le moindre cuir...
MADAME DE LUSSANG.
Comment ?
DESRUEL.
Oh ! pardon !... un souvenir !
MADAME DE LUSSANG.
S'il faut vous le dire en confidence... je crois que vous n'avez pas déplu.
DESRUEL, *résolument.*
Allons faire la demande.
MADAME DE LUSSANG.
Oh ! pas si vite !... mais venez, je vais vous présenter à son tuteur...
DESRUEL, *remontant.*
Tout de suite ! *(S'arrêtant.)* Ah ! pardon ! un détail minime... que j'ai oublié de vous demander... *(Avec un peu de retenue.)* Sa fortune ?
MADAME DE LUSSANG.
Elle est orpheline.
DESRUEL.
Tant mieux ! *(Mouvement de madame de Lussang.)* Pas de beau-père !...
MADAME DE LUSSANG.
C'est la fille d'un vieux militaire... élevée à Saint-Denis.
DESRUEL.
Ah ! pauvre enfant !... mais... sa fortune ?
MADAME DE LUSSANG.
Elle n'a rien.
DESRUEL, *foudroyé.*
Rien !
MADAME DE LUSSANG.
Elle a son éducation, ses vertus !
DESRUEL.
Sapristi ! que ça ? et vous m'avez fait rompre trois mariages superbes !
MADAME DE LUSSANG, *piquée.*
J'avais pensé, monsieur, que les qualités du cœur...
DESRUEL, *éclatant.*
Eh ! madame !... est-ce qu'on paie une étude de notaire avec les qualités du cœur !
MADAME DE LUSSANG.
C'est bien, monsieur, n'en parlons plus... Il n'y a rien de fait !... *(Elle sort vivement par la porte de gauche.)*

SCÈNE XV.

DESRUEL, puis CHAMPIGNOL et DE LUSSANG.

DESRUEL, *seul.*
Eh bien ! me voilà gentil !... plus rien !... zéro ! Et Buzonville qui m'avait donné vingt-quatre heures... par voie d'huissier ! *(Tirant sa montre.)* J'ai encore dix minutes ! *(De Lussang entrant par la droite, suivi de Champignol qui porte un plateau.)*
DE LUSSANG.
Par ici, mon ami... faites circuler les rafraîchissements... aux dames, d'abord...
CHAMPIGNOL.
Oui... honneur au sexe ! *(De Lussang remonte au fond à droite dans le deuxième salon.)*
DESRUEL, *à part.*
Champignol !... Quel commerce fait-il là ?

CHAMPIGNOL, *apercevant Desruel et allant à lui.*
Tiens ! mon gendre !... Peut-on vous offrir quelque chose ?
DESRUEL.
Merci ! (*A part.*) Si je pouvais renouer...
CHAMPIGNOL.
Avez-vous fait danser fifille ?
DESRUEL.
Pas encore... j'y songeais.
CHAMPIGNOL.
Faignant !
DE LUSSANG, *revenant près de Champignol.*
Eh bien ! vous êtes encore là ? mais allez donc ! mon garçon, allez donc ! (*Il le prend par le bras et le pousse vers le fond.*)
CHAMPIGNOL.
Oui, bon ami... oui, bon ami...
DE LUSSANG, *le conduisant dans le salon du fond.*
Que diable ! on ne fait pas comme ça la conversation... vous broutez trop dans la main des gens !
CHAMPIGNOL.
Oui, bon ami... oui, bon ami... (*De Lussang et Champignol sortent par le fond au milieu ; la porte se ferme sur eux.*)

SCÈNE XVI.

DESRUEL, puis BUZONVILLE et CANUCHE.

DESRUEL, *les regardant sortir.*
Ah ça ! pour qui le prend-il donc ?...
BUZONVILLE, *entrant par le fond à gauche dont la porte se ferme.* — *Il a deux verres de punch à la main ; à la cantonnade ; il est légèrement gris.*
Puisque c'est pour ton bien !...
DESRUEL à part.
Buzonville voilà le bouquet !...
BUZONVILLE, *très-gai.*
Ah ! vous voilà, mon bon ami ?... mon cher success... success... success...
DESRUEL, *achevant le mot.*
Seur !...
BUZONVILLE.
Merci !... voilà un mot difficile !...
DESRUEL, *à part.*
Qu'est-ce qu'il a donc ?
BUZONVILLE.
D'abord, avez-vous pris du punch ?...
DESRUEL, *étonné.*
Non.
BUZONVILLE.
Ah ! bon !... vous n'êtes pas comme Théodule !... voilà onze verres que je lui bois !... ça l'a mis en gaîté !... (*Il fredonne.*) Larifla, fla, fla...
(*Il va poser ses deux verres sur le petit guéridon qu'il apporte au tiers du théâtre.*)
DESRUEL, *à part, avec joie.*
Ah ! mon Dieu !... il est paf !... je suis sauvé !...
BUZONVILLE, *ses deux verres à la main, tendrement.*
Ernest, je vous aime !...
DESRUEL.
Moi aussi, Buzonville !...
BUZONVILLE.
Vous ne refuserez pas de trinquer avec votre prédécess... prédécess... prédécess...
DESRUEL, *achevant le mot.*
Seur !...
BUZONVILLE.
Allons donc !... j'ai cru que je ne pourrais pas le dire... (*Il va à gauche du guéridon.*)
DESRUEL, *prenant un des verres que Buzonville lui offre, à part.*
Il a le punch caressant.
BUZONVILLE, *s'apprêtant à trinquer.*
Y êtes-vous ?...
DESRUEL.
Allez !...
BUZONVILLE, *s'arrêtant.*
Un instant !... il faut boire à quelque chose... à quoi allons-nous boire ?...

DESRUEL.
Dame !... à l'agriculture !
BUZONVILLE.
Oh !... pourquoi à l'agriculture ?... non... buvons à l'école de Saumur !...
DESRUEL.
Je veux bien.
BUZONVILLE.
Et aux demoiselles qui ont la bonté de s'y intéresser !
DESRUEL, *riant.*
Cristi !... vous me faites avaler de travers !
BUZONVILLE.
Car vous ne savez pas... j'en ai trouvé une pour mon fils... une demoiselle !... le mariage est décidé !... (*Ils quittent le guéridon, leur verre à la main.*)
DESRUEL,
Ah ! tant mieux !... ce brave Théodule !...
BUZONVILLE, *très-gaiment.*
Je viens de le présenter... il avait les mains dans ses poches... et moi aussi... et la demoiselle aussi !... mais bah !... à la campagne !...
DESRUEL, *à part.*
Il se croit à la campagne, à présent !... tout-à-l'heure, nous allons le coucher.
BUZONVILLE.
Ah ça ! et vous ?... vos quatre femmes ?... (*Il met son verre dans sa poche.*)
DESRUEL, *à part.*
Ma foi !... il a l'air de bonne humeur !... je peux me risquer... (*Haut.*) Buzonville, promettez-moi de ne pas vous fâcher... (*Il lui donne son verre, que Buzonville met aussi dans sa poche.*)
BUZONVILLE.
Moi ? par exemple !... (*Fredonnant tout bas.*) Larifla, fla, fla...
DESRUEL, *riant.*
Larifla, fla, fla... eh bien !... c'est... manqué !
BUZONVILLE.
Raté !... comme Théodule !... ah ! ah ! ah ! petit vaurien !...
DESRUEL, *à part.*
Il est délicieux !... je passerai ma vie à lui payer du punch je le paierai comme ça.
BUZONVILLE.
Ah !... c'est raté ?...
DESRUEL.
Mais soyez tranquille... j'ai autre chose en vue.
BUZONVILLE.
Oh ! ça m'est égal maintenant... ne vous pressez pas, allez
DESRUEL, *à part.*
Il est charmant !
BUZONVILLE.
Je vais trouver un des syndics de la chambre des notaires qui fait son whist... là, au fond... (*Il se dirige vers le fond.*)
DESRUEL.
Qu'est-ce que vous lui voulez ?
BUZONVILLE, *revenant à lui, et d'un air aimable.*
Je veux lui déposer ma plainte contre vous... (*Il va pour monter.*)
DESRUEL, *l'arrêtant.*
Par exemple !... M. Buzonville !... vous ne ferez pas ça !...
BUZONVILLE.
Ernest, je vous aime !...
DESRUEL.
Moi aussi, Buzonville !...
BUZONVILLE, *appuyant.*
Mais j'ai promis une dot pour Théodule... où sont vos capitaux ?... Voyons ces petits capitaux ?...
DESRUEL.
Accordez-moi quinze jours ?
BUZONVILLE.
Non ! non !
DESRUEL, *suppliant.*
Huit ?...
BUZONVILLE.
Des navets !...

DESRUEL.
...ment!... des navets?...

BUZONVILLE.
...a flan!... les deux peuvent se dire... demandez à Théo-

...CHE, paraissant au fond à droite, une glace à la main, et apercevant Desruel.
...mon rival!... (Il s'arrête sur le seuil de la porte et mange en écoutant.)

DESRUEL.
...ns, père Buzonville!...

BUZONVILLE, à Desruel.
...z, voulez-vous que je vous dise?,.. vous manquez d'ini-... Savez-vous comment j'ai épousé madame... (Il cherche et ne le trouve pas.) Ma femme... moi, qui vous parle?..

DESRUEL.

BUZONVILLE.
...le de dire que je l'aimais comme un notaire insensé!... ...ait tant de qualités!... 250 mille!

DESRUEL.
...en bons du Trésor.

BUZONVILLE.
...père me les refusait... (Se reprenant.) Me la refusait... je disais bien, me les refusait... Un beau jour, dans un ...avais bu onze verres de punch... absolument comme ...le aujourd'hui... je me trouvai seul avec elle dans un ...écarté, comme celui-ci... et, ma foi...

DESRUEL.
...!...

BUZONVILLE, avec animation.
...ne jetai à ses genoux!...

DESRUEL.
...s?

BUZONVILLE.
...me un mousquetaire... gris!... près d'une table, où il y ...une sonnette...

DESRUEL.
...sonnette!...

BUZONVILLE.
...comme personne ne venait, je me mis à sonner, à caril-...

DESRUEL, à part.
...is!...

BUZONVILLE.
...me deux, comme trois mousquetaires!...On accourut... ...le!... éclat!... et, quand je me relevai, on exigea de ...ne réparation...,

DESRUEL.
...bien?

BUZONVILLE.
...a donnai loyalement!... voilà comme nous étions en 1820, ...carabines!...

DESRUEL, à part.
...ux brigand!...

CANUCHE, à part.
...! les gredins!... ils conspirent contre Madeleine!... mais allons voir! (Il sort vivement par le fond à droite. — La se ferme.)

BUZONVILLE, montrant le guéridon.
...es donc... en voilà une table... avec une sonnette des-...

DESRUEL.
...bien!

BUZONVILLE.
...ulez-vous que j'envoie par ici la petite Pont-Bichet!

DESRUEL, se révoltant.
...n! un pareil moyen!...

BUZONVILLE, montant vers la porte du fond.
...ors je vais trouver le syndic...

DESRUEL, le retenant.
...instant!

BUZONVILLE, allant vers la porte de gauche.
...ors, la petite Pont-Bichet?... (Il se dirige vers la porte à ...he.)

DESRUEL, passant à sa droite et l'arrêtant.
Permettez...

BUZONVILLE.
Alors, le syndic... (Il se dirige vers le fond.)

DESRUEL, à part, redescendant à droite.
Ah!... il a le punch monotone!...

BUZONVILLE, redescendant et montrant la porte à gauche.
Elle est là, dans le petit salon.,, (Lui mettant la sonnette dans la main.) N'oubliez pas la sonnette... je serai là, aux aguets, pour faire entrer le monde... Allons, ferme!... et du zing!... comme dit mon polisson de fils!... (A part.) Je commence à croire qu'il aura sa dot!.,, (Il sort par la porte à gauche, en chantant.) Larilla fla fla!...

SCÈNE VII.

DESRUEL, puis LUCILE.

DESRUEL, seul, la sonnette à la main.
Puisqu'il n'y a que ce moyen de payer ma charge... allons!... (Résolument et posant la sonnette sur le guéridon.) Eh bien! non!... je ne ferai pas cela!... une demoiselle que je n'aime pas! que je ne connais pas! la compromettre froidement, par calcul... ça serait infâme!... d'ailleurs, je suis las de me promener sur le marché comme un cheval borgne dont personne ne veut!... c'est honteux pour un homme de cœur!... Eh bien! je ne serai plus notaire!... je ne le suis plus!... voilà tout! ah! je respire! je me sens libre, enfin!... et Lucile! je pourrai l'épouser... elle n'a rien... moi, non plus! nous mettrons le tout ensemble, et nous en ferons peut-être du bonheur! Ah! que c'est donc bon de ne plus être notaire!... Quant à mademoiselle Pont-Bichet, si elle veut venir... voilà comme je la reçois!... le verrou! (Il pousse le verrou de la porte de gauche.) Et allez donc!...
(Lucile, sans voir Desruel, entre par la porte du fond-milieu qui se ferme sur elle et se dirige vers la droite.)

DESRUEL, apercevant Lucile.
Lucile!..

LUCILE, s'arrêtant.
Monsieur Ernest!..

DESRUEL, courant à elle.
Ah! mademoiselle! venez!.. je ne suis plus notaire!... je suis pauvre, je puis vous aimer, vous épouser!

LUCILE.
Mais, monsieur!

DESRUEL.
Vous n'avez rien! je le sais! tant mieux! je vous épouse sans dot! à bas les dots!

LUCILE.
Mais, monsieur, ça ne se peut plus... j'ai un prétendu!

DESRUEL.
Comment?

LUCILE.
C'est votre faute aussi! vous demandez tout le monde en mariage, excepté moi!

DESRUEL.
Mais ce prétendu... Vous ne l'aimez pas?

LUCILE.
Dame! je ne crois pas,.. mais monsieur de Lussung, à qui je dois tout, veut absolument faire ce mariage.

DESRUEL.
Mais je ne le veux pas, moi! je le casse, je le brise! car je vous aime, Lucile. (Il veut lui prendre la main, elle s'échappe et il la suit.)

LUCILE, passant du côté du guéridon.
Taisez-vous, monsieur,,,

DESRUEL.
Je n'aime que toi! je t'ai toujours aimé!

LUCILE, mettant la main sur la sonnette.
Finissez, monsieur, ou je vais sonner!

DESRUEL, à part.
Tiens! c'est une idée... l'idée de Buzonville! (A Lucile.) Passez-moi la sonnette! (Il la prend, se jette à ses genoux, lui embrasse les mains et sonne de toutes ses forces.) Comme un mousquetaire!..

LUCILE, se débattant.
Monsieur! monsieur!... mais il est fou!
(La porte du fond, à gauche, et celle du fond au milieu s'ouvrent.
— Tout le monde entre.)

SCÈNE XVIII.

DESRUEL, LUCILE, BUZONVILLE, MONSIEUR ET MADAME DE LUSSANG, THÉODULE, CHAMPIGNOL, *avec le plateau*, TOUS LES INVITÉS, puis CANUCHE et MADELEINE.

TOUS, *guidés par Buzonville et apercevant Desruel qui sonne toujours aux pieds de Lucile.*)
Oh !...

CHOEUR.

Air final du 4e acte de Paris qui dort. (J. Nargeot.)
Voyez, voyez, en ces lieux quel scandale !
Oser tenir cette conduite-là !
Ah ! c'est manquer aux lois de la morale !...
L'hymen devra réparer tout cela.

(*Desruel s'est relevé.*)

BUZONVILLE, *descendant avec tout le monde.*
Monsieur Desruel !... aux pieds d'une jeune fille ! il faut une réparation, il faut... (*Bas à Desruel.*) C'est très-bien !.. (*Haut et apercevant Lucile.*) Lucile !.. la prétendue de mon fils !..

THÉODULE, *gaîment.*
Patatras ! (*Il remet le guéridon dans le coin, à gauche.*)

DESRUEL.
Ah ! bah !

(*Buzonville passe près de son fils.*)

DE LUSSANG, *à Desruel.*
Vous comprenez, monsieur, qu'après un pareil scandale...

BUZONVILLE, *à part, désappointé.*
Juste ! mon effet ! (*Haut à Théodule, avec colère.*) Ote donc les mains !.. oh ! tu peux les laisser, à présent !..

DESRUEL, *à de Lussang.*
Je connais mon devoir, monsieur, et j'ai l'honneur de vous demander la main de mademoiselle Lucile...

CHAMPIGNOL, *qui tient toujours le plateau.*
A la bonne heure ! il le doit !

DESRUEL, *continuant.*
Elle n'a pas de fortune, je le sais...

DE LUSSANG.
Pas de fortune ! mais nous venons de l'adopter !

BUZONVILLE.
Cent mille écus de dot !

DESRUEL.
Comment ?

BUZONVILLE.
Parbleu ! sans ça !

DESRUEL, *à Lucile.*
Oh ! pardon, mademoiselle... sur l'honneur ! je vous jure que je l'ignorais.

DE LUSSANG, *sérieusement.*
J'espère, monsieur, que cela ne change pas votre résolution...

DESRUEL.
Oh ! non !.. monsieur Buzonville ne me le pardonnerait pas...

THÉODULE, *bas à Buzonville.*
Papa... je crois qu'il vous reblague !..

BUZONVILLE, *avec colère.*
On ne dit pas blague ! oh ! tu peux le dire, à présent !..

CHAMPIGNOL, *à de Lussang.*
Dites donc, vieux, comme ça, faut que je cherche un autre mari pour Madeleine ?..

DE LUSSANG.
Mais de quoi me parlez-vous ? offrez donc des rafraîchissements.

(*La sonnette qui est au-dessus de la porte du fond à droite, s'agite violemment et sans discontinuer.*)

TOUS, *remontant.* — Le côté droit se trouve entièrement dégagé.
Qu'est-ce que c'est ?

(*La porte s'ouvre et on aperçoit Canuche à genoux qui embrasse les mains de Madeleine et tire de toutes ses forces un cordon de sonnette.*)

Grand Dieu !...

CHAMPIGNOL.
Canuche aux pieds de Madeleine ! (*Donnant le plateau à M. de Lussang.*) Tenez moi ça !

DE LUSSANG.
Comment !

CHAMPIGNOL, *allant à Canuche qui entre avec Madeleine.* — *Tout le monde redescend.*
Ah ! galopin !

CANUCHE.
Père Champignol... je suis prêt à réparer... comme un mousquetaire...

BUZONVILLE, *à part.*
Encore mon effet !

CHAMPIGNOL, *à Canuche.*
Oui, tu épouseras Madeleine !

CANUCHE.
O bonheur !

CHAMPIGNOL.
Mais je te ficherai une danse en rentrant !

CANUCHE.
Allez, vous êtes son père !..

CHAMPIGNOL, *reprenant le plateau à de Lussang.*
Pardon, monsieur...

MADAME DE LUSSANG, *bas à son mari.*
Que faites-vous ? votre sergent major !

DE LUSSANG.
Comment ! et moi qui lui ai fait ouvrir des huîtres ! (*Voulant reprendre le plateau.*) Permettez, monsieur..

CHAMPIGNOL.
Non ! non !... Canuche va le porter. (*Il repasse le plateau Canuche qui offre des glaces à Madeleine.*)

DE LUSSANG, *reconnaissant Canuche.*
Ah ! j'y suis !... l'homme aux anchois !...

CANUCHE.
Oh !... (*Il passe à la gauche de Madeleine.*)

THÉODULE.
Dites donc, papa !

BUZONVILLE.
Quoi ?

THÉODULE.
C'est encore raté !

BUZONVILLE, *à part.*
Raté ! (*Avec colère.*) Monsieur, vous repartirez demain pour Saumur !

THÉODULE, *à Buzonville.*
Cependant...

BUZONVILLE.
Taisez-vous ! vous sentez la liqueur !

MADELEINE, *à Champignol.*
Papa, mes diamants me grattent !

CHAMPIGNOL.
Moi, mes gants m'embêtent... allons les ôter.

DESRUEL.
L'étude me reste... et j'épouse la femme que j'aime !... on parlera !

CHOEUR.

Air final des Souvenirs de jeunesse. (J. Nargeot.)
Venez, messieurs, l'on vous en prie,
Amis ou non du célibat,
Du notaire qui se marie,
Chaque soir, signer le contrat.

Le rideau baisse.

FIN.

www.ingramcontent.com/pod-product-compliance
Lightning Source LLC
Chambersburg PA
CBHW070528050426
42451CB00013B/2901